토마스 아퀴나스 읽기

세창사상가산책 1

토마스 아퀴나스 읽기

초판 1쇄 인쇄 2013년 11월 10일
초판 1쇄 발행 2013년 11월 15일
-
지은이 이명곤
펴낸이 이방원
기획위원 원당희
편집 조환열·김명희·안효희·강윤경
디자인 박선옥·손경화
마케팅 최성수
-
펴낸곳 세창미디어
출판신고 2013년 1월 4일 제312-2013-000002호
주소 120-050 서울시 서대문구 경기대로 88 냉천빌딩 4층
전화 02-723-8660
팩스 02-720-4579
이메일 sc1992@empal.com
홈페이지 http://www.sechangpub.co.kr/
-
ISBN 978-89-5586-192-1 04160
ISBN 978-89-5586-191-4 (세트)

이 도서의 국립중앙도서관 출판시도서목록(CIP)은 서지정보유통지원시스템 홈페이지(http://seoji.nl.go.kr)와
국가자료공동목록시스템(http://www.nl.go.kr/kolisnet)에서 이용하실 수 있습니다. CIP제어번호: CIP2013022317

세창사상가산책 | THOMAS AQUINAS

토마스 아퀴나스 읽기

이명곤 지음

1

세창미디어

머리말

한 철학자의 사상을 소개한다는 것은 무엇을 의미하는 것일까? 그리고 어떤 철학자의 사상을 쉽게 소개한다는 것은 어떻게 소개하는 것일까? 본 저술은 이러한 두 가지 근본적인 물음을 가지고 시작되었다. 어떤 철학자라 할지라도 철학자라는 이름을 가진다는 것은 그 자신의 사상을 가지고 있다는 것을 의미한다. 그렇다면 '사상이란 무엇인가?' 사상思想이란 말 그대로 '생각의 상'을 의미한다. 그가 생각하고 있는 것을 전체적으로 하나의 모양, 즉 잘 지어진 집처럼 재현해 낸 것을 '사상'이라고 할 수가 있다. 여기에는 세계에 관하여, 인간에 관하여 그리고 가치에 관하여, 인생의 의미나 목적에 관하여, 행복에 관하여 등 그가 생각한 모든 것(다양한 이론들)이 포함되어 있어야 한다. 그래서 한 철학자의 사상을 소개하는 방법은 다양할 수 있고 또한 어려운 일이다. 흩어져 있고, 혼란스러운 그의 다양한 생각들을 하나의 동일한 지평에 수렴하고, 또한 다양한 저작들에서 서로 다른 의미로 사용하고 있는 어떤 용어나 개념들을 이 동일한 지평에 수렴하여 하나의 공통적인 의미로 수용해야 하며, 나아가 존재론, 인식론, 윤리학, 인간학 등 다양한 이론들이 하나의 동일한 지평에서 서로 모순 없이 유기적이 되게 하여야 하기 때문에 어려운 일이다. 그중에서도 가장 어려운 점은 '나무와 숲을 동시에 볼 수 있게 하는 것'이다. 구체적인 세부사항을 왜곡 없이 섬세하게 제시하면 전체를 놓쳐버릴 위험이 있고, 전체의 모습을 파노라마처럼 보여주면 구체적인 세부사항의 중요한 사실들을 놓쳐 버릴 수 있기 때문이다.

이 책에서 본인이 가장 염두에 둔 것이 있다면 바로 이 두 가지를 모두 놓치지 않으려고 애쓴 노력이라 할 수 있다. 토마스 아퀴나스의 사유를 전체적으로 통일된 하나의 유기적인 생각으로 제시하면서 또한 그가 말하고 있는 중요한 진술들을 놓치지 않으려고 하였다. 물론 이러한 작업이 충분히 성공하였는지는 나 자신도 의문이 든다. 왜냐하면 그는 주저인『신학대전』만으로도 아리스토텔레스의 전 저작을 모두 합한 것의 두 배나 되는 엄청난 분량의 저술들을 우리에게 남겨 주었으며, 이 엄청난 분량을 통해서 나타나는 그의 사상을 작은 한 권의 책에 집약한다는 것 자체가 불가능한 일이기 때문이다. 그래서 독자들이 이것만은 꼭 알아야 '토마스 아퀴나스라는 철학자의 사상을 이해하고 있다'고 할 만한 주제들을 선별하였고, 또한 이러한 '명언'들은 알고 있어야만이 '토마스 아퀴나스를 알고 있다'고 할 수 있는 '주옥 같은 철학적 명제들'을 빠뜨리지 않으려고 노력하였다. 아마도 토마스 아퀴나스 철학을 자신의 전공으로 삼고 있는 사람 중에는 이러한 본인의 선택에 불만이 있을 수도 있을 것이다. 왜냐하면 '차례'에서 볼 수 있는 주제들 중에 자신이 중요하게 생각하고 있는 주제들, 예를 들어 신神 존재의 문제, 덕의 문제, 사랑에 관한 것 그리고 자연법이나 정치학에 관한 것 나아가 영혼이나 인간학 등의 주제가 보이지 않기 때문이다.

하지만 앞서 말했다시피 이러한 모든 주제를 작은 한 권의 책에 모두 담는다는 것은 불가능하며, 또한 비록 구체적인 항목으로 다루고 있지는 않지만 이러한 주제들 역시 지속적으로 다른 주제들과 함께 논의되고 있다. 가령 신 존재의 문제는 본 저술의 전반에 걸쳐서 나타나고 있으며, 토미즘의 인간학이란 것도 이 책에서 다루고 있는 모든 것을 합쳐 놓았을 때, 바로 그것이 토미즘의 인간학이 될 것이다. 나아가 사랑의 문제 역시 미학이나 영성의 부분에서 끊임없이 논의되고 있다. 물론 이러한 주제들에 대한 논의가 이 책에서 언급되고 있는 것만으로는 충분하지 않다는 것은 사실이다. 하지만 이러한 주제들에 대한 보다 충분한 논의들은 후일의 다른 저술을 위해 남겨두기로 하였다.

본 저작에서 본인이 두 번째로 고심한 것은 일반인들에게, 특히 종교를 가지고 있지 않은 사람들에게 혹은 다른 종교를 가지고 있는 사람들에게 중세 그리스도교 철학자의 사상을 쉽게 소개하는 방법이란 무엇일까 하는 것이었다. '어떤 것을 쉽게 이해할 수 있다'는 것은 무엇을 말하는 것일까? 쉽다는 것은 두 가지의 의미를 가지고 있다. 하나는 사용하는 말들이 낯설지 않고 표현이 일상적인 언어사용과 크게 다르지 않다는 것을 의미한다. 통속적으로 말해 '눈높이를 맞추는 것'

을 의미한다. 다른 하나는 '소통이 가능하다'는 것을 의미한다. 소통이 가능하다는 것은 인간의 정상적인 사유에 공감할 수 있는 것, 즉 앞뒤의 말들이 서로 모순 없이 논리적이고 합리적인 사유의 전개가 잘 이루어지고 있음을 의미한다. 이는 철학적으로 말해 '보편성'을 지니고 있다는 것을 의미하며, 통속적으로 말하자면 '상식이 통한다'는 것을 의미한다. 어떤 것이 참이고 진리라면 그것은 정상적인 모든 인간의 정신에 공감할 수 있는 것, 이것이 보편성이기 때문이다. 아마도 토마스 아퀴나스의 저술에서 가장 큰 장점 중의 하나가 바로 이 보편성에 있다고 할 수 있을 것이다. 동일한 중세 철학자인 '아우구스티누스'의 사상을 이해하기 위해서는 최소한의 신앙인의 눈, 최소한의 믿는 자의 정신을 가지지 않으면 안 될 것이다. 왜냐하면 그는 '알기 위해 믿고자' 하였기 때문이다. 하지만 토마스 아퀴나스는 '믿기 위해 알고자' 하였다. 믿음이 반드시 앎을 전제하는 것은 아니지만, 그것이 확실하고 흔들리지 않는 '신념'이 되기 위해서는 내적인 긍정을 유발할 지성적인 이해가 요청된다. 바로 이 지성적인 이해를 위해서 토마스 아퀴나스는 그의 철학적 작업의 중요한 방법론으로 '아리스토텔레스의 형이상학적 원리들'을 도입하였다.

그런데 어떤 철학자의 사상을 소개하면서 독자들의 눈높이에 맞추려고 마냥 일상의 언어들을 사용하다보면 '통속철학'이 되어 버릴 위험이 있다. 즉 그 철학자의 언어가 함의하고 있는 심오하고 풍요로운 의미를 제거해버리고 건조하고 단조로운 설명이 되어 버릴 위험이 있다. 이 때문에 본 저술에서는 가급적 토마스 아퀴나스의 원용어들을 그대로 사용하면서, 일상적인 용어들을 대신할 수 있는 다양한 일상의 예화例話들을 사용하였다. 이 예화들은 내가 그동안 철학적 작업을 하면서 학생들과 일반인들의 질문에 답하기 위해서 사용한 것들이다. 반면 쉽다는 것의 두 번째 의미인 '소통과 공감'을 유발할 보편성을 가진다는 것은 이와는 다른 문제이다. 고흐나 베토벤과 소통하고 공감을 가지기 위해서는 그들의 작품이 가진 심오한 의미를 이해한다는 것으로 그들이 가졌던 동일한 실존적인 깊이를 가져야만 할 것이다. 아니면 최소한 그들의 실존적인 상황과 유사한 상황을 가지지 않고서는 불가능할 것이다. 왜냐하면 베토벤의 곡을 가요처럼 쉽게 편곡하거나 고흐의 작품을 알기 쉽게 설명한다고 해서, 독자들이 그

곡이나 작품을 어느 정도 이해한다고 해서 고흐나 베토벤과 소통하고 있으며, 그들에게 공감한다고 할 수는 없을 것이기 때문이다. 마찬가지로 토마스 아퀴나스의 사유들과 소통하고 공감을 가지기 위해서는 최소한 몇 년은 토마스 아퀴나스의 철학을 공부하지 않고서는 불가능할 것이다. 비록 탁월한 철학적인 소양을 가지고 있을지라도 서로 다른 세계관, 서로 다른 가치관을 가지고 있다면 아무리 쉽게 설명한다고 해도 '소통'이나 '공감'은 쉽지 않을 것이다. 더구나 철학을 배운 적이 없거나, 철학을 전공하더라도 토마스를 전공하지 않은 사람에게 토마스라는 인물과 소통하고 공감을 가지게 한다는 것은 쉬운 일이 아니다. 바로 이러한 이유로 본 저술에서는 이러한 사람들이 이미 공감하고 있을 다른 철학자나 사상가들의 사유와 진술들을 많이 사용하고 있다. 근·현대의 철학자들, 과학자나 예술가들의 사유와 진술을 통해서 토마스 아퀴나스가 말하고 있는 것의 의미, 그만의 독특한 사유들을 이해하고 소통하고자 시도하고 있다.

내가 토마스 아퀴나스의 저작들을 처음 알게 되고 그 작품들에 매료된 것은 약 20여 년 전이었다. 그리고 이후 철학을 나의 평생의 업으로 선택하였고 한 번도 토마스 아퀴나스의 저작들과 그의 생각들을 나의 손에서 그리고 나의 마음속에서 놓아 본 적이 없다. 그의 저작들을 통해서 학위도 받았으며, 많은 연구과제들도 수행하였고, 적지 않은 번역서와 저서도 출간하였다. 내가 다른 철학자들의 사유들과 소통할 수 있었던 것도 어느 때부턴가 토마스 아퀴나스의 사유와 소통이 가능했기 때문이었고, 또한 대학에서의 교편생활을 평생의 업으로 삼을 수 있었던 것도 토마스 아퀴나스라는 철학자 덕분이었다. 그리고 철학도인 내가 감히 예술을 꿈꾸고 조형미술과 미학분야에까지 학위를 받을 수 있었던 것도 토마스 아퀴나스의 사유가 나에게 용기를 주었기 때문이었다. 나는 분명 토마스 아퀴나스라는 철학자에게 많은 빚을 지고 있으며, 언제부턴가 이 빚을 되갚아야만 한다는 내면의 소리를 듣곤 하였다. 비록 아직 이러한 빚을 갚기에는 여러모로 부족하고 나의 학문적 자질이 모자란다는 사실을 통감하고 있지만, 그럼에도 '시작이 반이다'는 격언을 핑계 삼아 시작해 보았다. 이 책을 읽는 독자들이 조금이라도 토마스 아퀴나스의 심오한 사유와 소통하고 그에게 공감할 수 있다면 그것이 곧 나의 빚을 갚는 일이 될 것이다.

처음부터 마지막까지 자신의 견해를 말해준 제주대학의 홍영화 학생에게 감사하며, 이 책이 출간될 수 있도록 제안하고 허락해준 세창미디어의 모든 분께 깊이 감사드린다. 그리고 이 기회를 빌려 나에게 진정한 토미스트가 될 수 있도록 항상 격려와 충고를 아끼지 않으셨던, 박사과정의 지도교수님, '혜미 브라그Hémi Brague' 교수님께도 깊이 감사를 드린다.

제주도 아라동연구실에서
이 명 곤

1

철학함의 의미
: 왜 철학을 하는가?

1
외경

매일 아침 해는 동산 위로 떠오르고, 비둘기는 두 날개로 날아
오르며, 소들은 풀을 뜯고, 송아지들은 어미 소의 젖을 찾고 있
다. 시냇가의 개구리들은 목청 높여 노래하고 송사리 떼는 열심
히 헤엄을 치고 있다. 숲 속의 매미들은 아침부터 귀가 아프도
록 맴맴 거리고 하늘 높이 구름 사이로 송골매가 먹이감을 찾으
려 빙빙 돌고 있다. 나의 두 발은 산책길을 걷고, 내 눈은 이 모
든 것을 보고 있다. 내 귀는 새들의 지저귐 소리를 듣고 코는 향
긋한 풀냄새를 길게 호흡하고 있다. 내 피부는 서늘하고 부드러
운 아침 공기를 기분 좋게 감촉하고 나의 정신은 이 모든 것에
감사하고 있다. 오! 놀라운 기적이여!

　프랑스의 한 토미스트는 매일 아침 산책길에서 느낀 자신
의 심정을 위와 같이 나타내고 있다. 이 아름다운 한 편의 산
책을 묘사하며 그는 이를 '놀라운 기적'이라고 표현하고 있다.

당연한 자연의 현상을 왜 이렇게 표현하는 것일까? 이 표현은 많은 것을 포함하고 있는 매우 뉘앙스가 풍부한 시적인 표현일 것이다. 하지만 그중에서 철학적으로 가장 와 닿는 어감은 *"Ademiratio"*, 즉 "외경"이다. 외경은 철학의 깊은 동기이다. 그러나 사실 '아데미라시오'를 '외경'이라는 한마디로 번역하기는 쉽지 않다. '외경'은 인식론적으로는 '신중한 시선과 관찰'에 해당되겠지만, 이를 일상적으로 사용할 때는 '내적인 놀람'과 '명상적인 감탄'이 첨가된다. 이처럼 '외경'이라는 용어는 고중세적 의미에서 '철학하는 사람'의 정신심리학적인 상태에 가장 적합한 용어가 된다.

철학사의 초기에 희랍의 철학자들은 자연에 대한 호기심과 모든 것을 알고자 하는 내적인 특성을 지니고 있었다. 모든 것을 알고자 하는 이러한 이들의 욕구는 오히려 이들을 지속적으로 불만족스럽게 하였고 항상 새로운 주제와 관심거리들을 추구하도록 하였다. 이들에게 있어서 매 순간의 체험들은 질문하고 반성하는 하나의 계기가 되었다. 또한 외부 세계에 대한 감탄의 정신과 자연의 사물들이 존재하는 숨겨진 이유들에 대해서 알고자 하는 지속적인 관심은 진정한 지성적인 분위기를 형성하였다. 이를 사람들은 '*philo-sopia*, 지혜를-사랑하는 것', 즉 '철학'이라고 하였다.

모든 존재하는 것이 하나의 동일한 것으로 구성되어 있는가? 물질들은 아톰atom으로 구성되어 있는가? 모든 것은 물질에 불과한가? 우주는 시작이 있는가, 아니면 영원히 존재하였는가? 역사의 운동은 직선적인가, 순환하는가 아니면 변증법적인가? 인간은 동물로부터 왔는가? 역사는 의미나 목적이 있는가? 하나의 진리가 있는가, 다양한 진리가 있는가? 어디에 인간의 행복이 있는가? 민주주의는 최상의 정치적인 체제인가? 신에 대해서 인간이 무엇을 말할 수 있는가? 인간은 영혼을 가지고 있는가? 인간은 자유로운가?

이러한 질문들이 당시 철학자들이 던진 질문들이다. 하지만 그들은 이러한 질문에 만족스러운 답변을 찾지 못했고, 자신들이 알지 못하는 진리들 앞에서 초조하고 불안해 하였다. 이러한 질문들에 대한 위대한 사상들 ─유물론, 관념론, 도덕주의, 낙관주의, 합리론, 경험론, 실존주의, 실재론, 실증주의 등— 의 답변이 있었지만 여전히 사람들은 만족하지 못하고 있다. 마찬가지로 과학혁명이 일어난 현대에도 이러한 질문들에는 전혀 만족할 만한 답을 주지 못하고 있으며, 인간의 불안과 초조함은 여전히 지속되고 있다.

사실상 아리스토텔레스의 시대에 그리고 토마스 아퀴나스의 시대에 이미 이러한 질문들에 대한 답변이랄 수 있는 해결책들이 이미 주어졌었다. 그런데 왜 사람들은 이러한 답변들에 만족하지 못하는가? 토마스 아퀴나스는 이를 인간의 본질 그 자체의 특성에 있다고 말하고 있다. 즉 '인간의 영혼은 그 자체가 인간의 본성을 완성하도록 운명 지워진 형상인데(『신학대전』, 1-2권, 문50), 이러한 완성은 진리를 아는 것에서 주어지기 때문이다(『진리론』, 영혼에 관하여, 1장). 즉 사람들이 세계에 대해서 철학적인 질문을 던지는 것은 일차적으로 답을 구하고자 하는 것이 아니라, 이를 명상하고 감동하고 '외경'하고자 하기 때문이다. 빵이 육체의 양식이듯이 '외경'은 영혼의 양식이기 때문이다. 매일 밤, 별을 보면서도 사람들은 질리지 않고 다음 날 또다시 별을 바라보는 이유는 어디에 있는가? 단지 별이 아름답기 때문은 아닐 것이다. 그것은 바로 '외경하는 마음'이

거기에 담겨 있기 때문이나. 이처럼 토마스 아퀴나스에게 있어서 사람들이 철학을 하는 첫 번째 이유는 세계의 광경을 명상하면서 질문을 던지고 놀라고 외경하는 그 자체에 있을 것이다. 이러한 관점에서 보자면 정답을 알 수 없기에 세계, 영혼, 신 등에 관련된 형이상학적인 질문들은 중단되어야 한다고 말하는 '실증주의자'나 '칸트'의 견해는 인간의 본성에 대한 견해 차이에서 기인한다고 보아야 한다.

그런데 현대에 있어서 사람들은 기계기술 문명에 대한 호기심을 최고의 관심거리로 수용하면서 인간이 지닌 이러한 자연과 세계에 대한 '경외'의 특성을 상당 부분 상실하고 말았다는 것을 인정해야만 한다. 현대인에게 있어서 자연과 세계에 대한 '경외의 감정'이란 세속적인 물정에 어두운 몇몇 '시인'이나, 깊은 산중에서 수도하는 '수도승'에게만 해당되는 것이며, 매일을 치열하게 살아가는 일반인들에게는 마치 사치스러운 감정처럼 취급되고 있는 것이 사실이다. 현대인에게 철학적 관심사를 이해시키고 받아들이도록 하는 데 있어서 가장 큰 어려움은 현대인의 정신적 상태 그 자체, 특히 실용성과 효용성을 최고로 여기는 습성과 진리 혹은 지식의 기준을 실증적인 과학에 근거를 두는 정신적인 기질에 있다. 오늘날 학문에 대해 현대인, 특히 정치가들이 기대하는 것은 '유용한 지식'이다. 그것이 어떠한 앎이든 학문적인 앎은 무엇을 산출하고 생산하는 데 유용한 것이어야 한다. 그리고 이러한 산출과 생산은 정확하게 수치화하여 결과를 제시하여야 한다. 하지만 한 권의 시집을 읽고 감동을 하고 삶에 대한 외경의 감정을 가지는 사람에게 있어서 그 시가 산출하고 생산한 것은 무엇인가? 그리고 그 결과를 어떻게 수치화하여 제시할 수 있을까? 마찬가지로 이러한 분위기에서 철학적 지식이 이러한 현대인을 만족시킬 무엇을 제공할 수가 있을까? 이 때문에 많은 현대인은 철학은 무용한 학문, 있으면 좋겠지만 없어도 그만인 학문이라고 쉽게 생각해버리는 것이다. 하지만 결코 유용성과 효용성이 인간의 본질적인 욕구에 응답해줄 수는 없다.

어떤 의미에 있어서 철학적 탐구는 과학(자연과학)적 탐구와 대립하는 기질을 가지고 있다. 과학의 발전이란 보다 세분화되고 보다 미세한 부분으로 나아가는 것을 말하지만 철학적 탐구는 종합하고 개별화된 것을 전체와 연결하여 전체적으로 이해하고자 하는 경향을 가지고 있다. 오늘날 과도하게 세분화되고 수지화된 과학의 제 분야에서는 더 이상 서로의 소통이 불가능하게 되었다. 두뇌를 수학적으로 분석하는 뇌과학은 더 이상 정신분석학자들과 소통할 수 없게 되었고, DNA의 분석을 통한 '게놈지도'로써 인간을 이해하고자 하는 유전공학자는 결코 '생철학'의 생명사상과 소통할 수 없게 되었다. 하지만 철학은 인간학이란 이름하에 여전히 인간을 전체적으로 고찰하고자 하며, 세계의 조각들을 하나의 전체로서 고찰하고자 하는 '세계관'을 추구하고 있다. 철학자들은 이러한 전체적이고 총체적인 앎을 '형이상학'이라고 한다. 하지만 불행히도 자연과학적 발전에 영향을 받은 현대철학은 응용철학, 개별철학으로 분화하면서 실용적인 철학으로 나아가고자 하는 경향성을 가지게 되었으며, 형이상학적인 앎을 포기하고자 한다. 결국 과학적 혹은 실용적 정신에 영향을 받은 현대철학자들은 일종의 정신적인 비굴함을 통해 점점 더 전통적인 철학들과 멀어지고 있다. 이러한 형이상학적 앎에 대한 포기가 의미하는 것은 이와 동시에 철학함의 고유한 행위였던 삶과 세계에 대한 외경의 감정마저 포기한다는 것이다.

2

앎의 기쁨

인간은 본질적으로 무엇을 알고자 하는 존재이다. 자연 속에 던져진 한 어린아이를 상상해 보자. 이 아이의 가장 큰 특징은 모든 것에 호기심을 보이고 궁금해 한다는 사실이다. '이것은 뭐지?' '저것은 또 뭐지?' '이것은 왜 이렇게 생겼을까?' '저것은 또 왜 저렇게 생겼을까?' 알고자 하는 이 어린이의 욕구는 다른 모든 욕구에 앞서는 것이다. 하지만 어느 순간 인간은 이러한 '앎에 대한 욕구'를 상실하고 '이것이 무엇에 도움이 되는가?' 하는 실용적인 질문을 던지게 된다. 그렇다면 인간의 '알고자 하는 욕망'과 '실용성 혹은 효용성에 대한 관심' 사이에는 어떤 관계가 있을까? 이를 이해하기 위해 토마스의 다음 말을 숙고해보자.

앎의 주체의 행위는 제 사물들로 향하는 움직임에 따라서 완수되는 것이 아니라, 오히려 알려진 사물들이 앎의 주체 안에 있다는 것에서 인수된다. 그런데 앎의 능력이 자신에게 앎의 대상을 제시하면서 미각욕구, 맛, appetitus을 움직이는 것이기 때문에, 통찰된 대상의 다양한 국면들에 따라서 다양한 미적 움직임을 야기하는 것이다. _『신학대전』, II, 문40

'궁금해 하고 알고자 하는 이러한 호기심이 완결되는 순간은 알고자 하는 대상이 알고자 하는 사람 안에 있을 때이다' 라는 이 말이 의미하는 것은 무엇일까? 앎의 대상이 앎의 주체 안에 있다는 것은 '질료적인 대상 자체'가 앎의 주체 안에 있다는 말은 아닐 것이다. 이는 일종의 '정신적인 실재'를 의미한다. 가령 아침에 본 해돋이의 장관을 저녁에 다시 떠올릴 때 '심상에 떠오른' 해돋이의 장관이 곧 '정신적인 실재'이다. 토마스 아퀴나스에게 있어서 '앎'이란 여러 가지 의미가 있겠지만 가장 첫 번째 의미는 이러한 '정신적인 실재'를 가지는 것을 말한다. 어떤 친구가 나에게 '너 제주춘란 알아?'라고 묻는다면 나는 '응, 나 제주춘란 알고 있어!'라고 대답한다. 대답과 동시에 나는 내가 본 제주춘란을 머릿속에 떠올릴 것이다. 가냘픈 잎과 탐스런 꽃 그리고 진한 난의 향기를 떠올리는 것이다. 그런데 이러한 앎의 대상이 우리에게 어떤 '미각' 혹은 '맛'을 야기한다는 것은 무슨 의미일까? 토마스 아퀴나스가 사용하는 독특한 용어인 라틴어의 *appetitus*'는 일차적으로 '맛', '미각' 혹은 '욕구' 등으로 번역되지만, 사실 인간의 모든 능력에 주어져 있는 것으로 대상이 가진 매력에 반응하는 어떤 능력이다. 이 능력들에서 미각은 맛에 반응하며, 후각은 향기에 반응하며, 시각은 형태와 색에 반응하고, 청각은 음색과 화음에 반응한다. 마찬가지로 지성은 일차적으로 사물의 본질에 반응한다. "지성의 고유한 대상은 존재(者)의 본질이다(신학대전 1권, 문85)." 이 사물의 본질은 '형상'이라고도 하는데, 그것이 '무엇인 것*quidditas*'을 의미한다. 바닷가를 산책을 하는 사람이 고둥인지, 소라인지 혹은 조개인지 알 수 없는 것을 주웠을 때 가장 먼저 질문하는 것이 '이것이 뭐지—*quid?*'라는 질문이다. 이러한 각각의 능력은 고유한 자신만의 대상을 가지며 이러한 대상을 발견할 때 어떤 특정한 맛, 즉 *appetitus*를 느끼게 된다. 만일 '먹는다는 것'에서 전혀 맛을 느끼지 못하고 다만 생존하기 위해서 먹어야 한다면 먹는다는 것은 차라리 괴로운 일일지도 모른다. 먹는 즐거움이 있기에 사람들은 굶지 않고 매끼를 기쁘게 낮이할 수 있게 된다. 마찬가지로 '안다'는 것의 지성적인 행위에는 거기에 적합한 기쁨이 있다. 먹는 것이 육체를 성장하게 하듯이 '안다'는 것은 영혼을 성장하게 한다. "인간 영혼의 완성은 지성을 통해서 실현하는 진리에 대한 앎들에서 이루어진다(『진리론』, 정신에 관하여, 1장)." 즉 먹는 것이 육체를 성장하게 하듯이, 앎의 목적은 영혼의 성장을 의미한다. 자연과 세계를 알고, 인간을 알고, 인생을 알고, 진리와 자유에 대해서 알고 우정과 사랑에 대해서 알고 …. 이러한 앎이 곧 인간의 영혼을 되어져야 할 대로 성장하게 하는 것이다.

하지만 실용적인 목적에 있어서 무엇을 안다는 것은 이러한 것과는 다르다. 자전거를 조립하기 위해서 '자전거의 구조를 아는 것'이나 수술을 잘하기 위해서 해부를 통해 '인체의 구조를 아는 것' 등은 기쁨을 줄 수도 있겠지만 사람에 따라서는 참 고통스러운 것일 수도 있다. 가령 대학에 입학하기 위해서 '영어 단어'를 암기하고 '미분과 적분'공식을 이해해야만 하는 일은 참으로 '귀찮고 고통스런 일'이다. 이러한 사실이 말하고 있는 것은 철학적인 앎이란 실용적인 앎에 비해 매우 순수한 앎이라는 것이며, 그러기에 순수한 기쁨을 제공하는 앎이라는 사실이다.

기쁨은 행위를 완전하게 한다. 기쁨은 우리의 행위에 대해 우리의 주의와 정성을 더욱 기울이게 하기 때문이다. _『대이교도대전』, 3권, 26장

가끔 사람들은 '철학은 머리 아픈 학문'이라고 한다. 아마도 이러한 사람은 철학을 공부한 것이 아니라, 철학공부라는 이름 아래 복잡한 칸트 사상을 암기하고 헤겔 사상의 체계를 이해하고자 했거나 아니면 너무 실용적인 공부에 습관이 된 사람일 것이다. 어떤 철학자의 복잡한 사상체계를 이해하고자 하는 것은 마치 복잡한 '자동차'의 구조를 이해하고자 하는 것이나 전혀 다를 것이 없다. 진정한 '철학함'이란 철학자들의 사상을 이해하거나 암기하는 것이 아니라, 내가 궁금해 하고 나에게 매력을 던지는 어떤 앎의 대상을 하나씩 이해하는 것이다. 그리고 여기엔 그 어떤 다른 행위가 줄 수 없는 고유한 '앎의 기쁨'이 있다.

사실 토마스 아퀴나스보다 앎의 행위에 대해서 더 섬세하게 고찰하고 있는 철학자는 없는 것 같다. 그는 앎이 제공하는 기쁨도 앎의 대상이 무엇인가에 따라서 달라진다고 하는

데 이는 대상이 무엇인가에 따라서 유발되는 '미각'이 다르기 때문이다.

> 사실 선善에 대한 고려로서의 미각appetitus 안에서 야기되는 움직임과 악惡에 대한 고려로서의 미각 안에서 야기되는 움직임은 다른 것이다. 이와 마찬가지로 현재에 대한 고려로부터 유발되는 미각의 움직임과 미래에 대한 고려로부터 발생하는 미각의 움직임은 다른 것이며, 절대적인 것과 어려운 것, 가능한 것과 불가능한 것 등에 대한 고려에서 발생하는 미각의 움직임도 다른 것이다. _『신학대전』, II, 문40

'앎의 행위'라는 차원에서는 같은 것이나, '무엇을 아는가'에 따라서 즉 앎의 대상이 무엇인가에 따라서 이 앎의 행위가 가지는 미각이나 기쁨은 달라진다. 사실이 그렇다. 내가 마더 테레사나 미켈란젤로 같은 위인들에 대해서 안다는 것과 히틀러 같은 독재자나 연쇄살인범에 대해서 안다는 것은 차원이 다르다. 우리의 호기심을 자극하는 것은 다 같을지 모르겠지만 그들에 대해 알고 난 뒤의 나의 내면에 남아 있는 '정신적인 실재'가 다르기에 그로부터 발생하는 미각의 움직임과 기쁨은 다른 것이다. 마찬가지로 우리의 호기심을 자극하지만 '악마에 대한 앎과 천사에 대한 앎'은 그 결과가 유발하는 기쁨이 다를 것이다. 과거의 사건들을 반추하는 것에서 얻어지는 앎의 미각과 미래에 있을 어떤 것을 상상하며 예견하는 앎은 서로 다른 미각을 유발한다. 아마도 어떤 앎은 기쁨보다는 환멸을 야기하는 것도 있을 것이다. '차라리 모르는 것이 낫다'고 하는 경우가 바로 그러한 경우이다. 이처럼 앎이 다양한 종류의 기쁨을 야기하는 것이라고 한다면, 철학함으로써 얻는 앎은 가장 순수한 기쁨을 야기하는 그러한 행위이다. 왜냐하면 어떤 것이 순수하다는 것은 다른 무엇을 위해서, 즉 실용적인 것이 아닌, 그 자체를 위해서 행위할 때이기 때문이다.

인간은 기쁨을 다른 어떤 것을 위해서 추구하는 것이 아니라, 기쁨 그 자체를 위해서 추구한다. _『대이교도대전』, 3권, 26장

이렇게 본다면, 그것이 무엇이건 기쁨이 제거된 어떤 앎은 철학적인 앎은 아니라고 해야 할 것이다. 실용적인 학문이 제

공희는 앎의 특성이란 기쁨이 제거되어 있다는 것이다. 비록 실용적인 앎일지라도 어떤 기쁨이란 것을 제공하고 있다면, 이는 매우 제한적이며 불완전한 것이며 나아가 순간적인 것에 지나지 않는다. 왜냐하면 그 목적 자체에 있어서 기쁨 보다는 '유용성'을 지향하고 있기 때문이다. 바로 이러한 이유로 철학함과 실용적인 학문의 근본적인 차이는 전자는 인간의 행복과 관련되어 있지만 후자는 인간의 편리함과 관련되어 있다고 할 수 있다. "진리에 대한 추구는 인간적 추구의 시작이지 목적이 아니다. 추구의 목적은 행복에 있다(『대이교도대전』, 3권, 37장)." 그래서 사람들은 철학적인 앎을 '지혜'라고 하고, 다른 학문적인 앎을 '지식'이라고 구분하고 있다. 철학이 비록 실용성과 무관하다고 하지만, 인간에게 앎의 기쁨을 제공하고, 이로써 인간의 영혼을 성장하게 하고 나아가 인간을 행복으로 이끄는 학문이라는 점에 있어서 오히려 인간성이라는 차원에서는 가장 유용한 학문이라고 할 수 있다. 따라서 철학은 시간적으로 경제적으로 여유가 있는 특정한 사람들이 하는 학문이 아니라, 인간이라면 누구나가 갈망하고 추구해야만 할 가장 보편적인 학문인 것이다.

2

행복론:
무엇이 행복을 약속하는가?

인간이란 본성적으로 무엇인가 갈망하는 존재이며, 좋은 것을 갈망하며, 좋은 것이기에 선善한 것이며, 선한 것이기에 '행복'을 가져다주는 것이다.

토마스 아퀴나스는 지성의 대상은 '진리, 즉 참된 것'이며, 의지의 대상은 '선한 것, 즉 바랄 만한 것'이라고 한다. 따라서 지성은 앎과 관련되고 의지는 '행위'와 관련된다. 아리스토텔레스는 '모든 인간의 행위에 공통되는 한 가지는 행복을 추구하는 것'이라고 하였는데, 사실이 그렇다. 무의식적으로나마 '내가 어떤 것을 원하는 것'은 그것이 나에게 '행복을 가져다주기 때문'이다. 열심히 일을 하거나 운동을 하는 것도, 나아가 도둑질도 그것이 자신에게 행복을 가져다줄 것이라고 믿기 때문에 행하게 된다. 무엇을 원한다는 것은 그것이 '바랄 만한 것'이기 때문이다. 그리고 그것이 무엇이든 '바랄 만한 것'은 '좋은 것'이며, '좋은 것'이기에 '선한 것'이다. 하지만 경우에 따라서는 좋은 것인 줄 알지만 즉 선인 줄은 알지만 '원하지 않거나', 바랄 만한 것인 줄 알지만 '행하지 않는다.' 특히 윤리·도덕적인 선악善惡의 경우에 나는 '내가 원하는 것'을 하지 못하는 경우가 있다. 소크라테스는 '지행합일'을 실천한 철학자로 존경받고 있지만, 지행합일이 반드시 인간적인 삶의 정답은 아님은 누구나 경험할 수 있다. 사회정의를 위해서는 '일인시위'라도 해야겠지만 가족들의 안위를 생각하면 그럴 수 없고, 진실을 위해서라면 자기 동료나 회사의 사장을 고발해야 하겠지만, 관습이 그것을 허락하지 않거나 오히려 선량한 사람들 피해를 입기에 그럴 수 없는 경우가 있다. 그렇기 때문에 무엇이 우리가 지향해야 할 '바랄 만한 것'인가를 이해하고 행위한다는 것은 쉬운 일이 아니다. 토마스 아퀴나스의 선에 대한 사유는 바로 이러한 '행위의 척도'를 제공하는 것이며, 궁극적으로 행복으로 이끌어줄 지혜들을 제공해주는 사유이다.

1
선의 개념

토마스 아퀴나스가 사용하고 있는 '선善'에 해당하는 라틴어 '보눔bonum'은 다양한 의미를 내포하고 있다. 윤리적 선악善惡을 의미하는 선의 개념이 이에 해당되기는 하지만 그러나 bonum은 일차적으로 '좋은 것'이란 의미를 내포하고 있다. 단적으로 '좋은 것'이라고 할 때 이 '좋은 것'이란 건강에 좋은 것, 보아서 좋은 것, 정당한 것, 유용한 것, 바람직한 것, 선한 것 등 모든 것을 포함하고 있다. 아마도 오늘날 현대인에게 있어서 이 '좋은 것'이 의미하는 것은 가장 먼저 '경제적인 것'을 의미할 것이다. 물질적인 부유함을 의미하는 '돈', '자동차', '아파트' 그리고 무슨 '적금' 이나 '주식' 등은 현대인이 공통적으로 선호하고 바라는 '좋은 것'이다. 그리고 두 번째는 아마도 육체적·정서적인 의미에 있어서 잘사는 일일 것이다. 즉 건강한 것과 안락하고 쾌적한 삶, 정서적으로 여유 있는 삶이나 기분 좋은 여행 그리고 친구들을 만나거나 음악이나 미술을 감상하는 즐거움 등 한마디로 '웰빙'이라는 말에 해당하는 모든 것이다. 그리고 세 번째 '좋은 것'의 의미는 윤리·도덕적으로 '선한 것'의 의미를 말한다. 즉 '자신의 가족적 혹은 직업적인 의무를 다하는 것', '자신의 정치적·사회적 역할과 책임을 충실히 수행하는 것', '사회 정의를 실현하는 것', '가난한 이웃에게 관심을 가지는 것', '봉사하는 것', '헌신하는 것' 등이다. 첫 번째 것이 '물질적인 것'이라면 두 번째 것은 '정서적인 것'이라고 할 수 있으며 세 번째의 것은 '정신적인 것'이라고 할 수 있다. 그리고 어쩌면 첫 번째와 두 번째 *bonum*'의 개념은 세 번째의 그것과 반대되는 것이라고 할 수 있다. 왜냐하면 전자는 누구나 자연적으로 원하게 되는 것이지만, 후자는 그렇지 않으며 많은 사람이 기피하고자 하는 것일 수 있기 때문이다.

물질적·정서적인 차원에서의 '좋은 것'은 누구나 바라는 것이다. '가난을 덕'으로 생각하는 수도자라 할지라도 '가난'이 어떤 내적이고 정신적인 것을 위해서 도움을 주는 것이기에 '좋은 것'이라는 뜻이지 '가난' 그 자체가 '좋은 것'이라는 것은 아닐 것이다. 이러한 관점에서 보자면 첫 번째와 두 번째 의미의 선은 '보편적인' 혹은 '일반적인' 선이라고 할 수 있다. 하지만, 세 번째이 선의 개념, 즉 윤리·도덕적 의미의 선의 개념은 사람에 따라서 특히 그의 삶의 형식이나 의미 그리고 가치관에 따라서 달라진다. 어떤 사람들에게 있어서 '헌신하는 것'이나 '봉사를 하는 것' 등은 '바랄 만한 것'이라고 할 수 없기 때문이다. 여기서 우리는 '선'의 가장 첫 번째 흔적은 '바랄 만한 것'이지만, 이러한 바랄 만한 것이 정신적인 차원에 이르면 '매우 주관적인 것'임을 알 수 있다. 어떤 윤리적인 선은 사람에 따라서는 '좋은 것'인 줄 알지만 자신이 바라지는 않는 것일 수 있으며, 또 어떤 사람에게 있어서는 '바랄 만한 것'으로 인정하지 않을 수도 있을 것이다. 가령 '적자생존'을 삶의 진리로 생각하는 사람에게 있어서 '가난한 이를 위한 헌신'은 오히려 경멸할 만한 것일 수 있기 때문이다. 이처럼 정신적인 차원에서의 '바랄 만한 것', 즉 '좋은 것'의 개념이란 그가 어떤 세계관이나 가치관 그리고 인생관을 가지고 있는가에 따라서 다르게 된다.

토마스 아퀴나스에게 있어서 '선'이란 '바랄 만한 것'이기에, 그에게 있어서 모든 존재하는 것은 우선적으로 '선한 것'으로 다가온다. 그에게 있어서 '존재하는 것'은 무엇이나 존재하는 만큼 선하다. 선과 존재의 관계에 대한 그의 몇 가지 진술을 들어보자.

1. 존재하는 모든 것은 존재로서 고려되면서, 필연적으로 좋은 것(선한 것)이다. 왜냐하면 모든 것은 그의 존재를 사랑하고, 그의 존재가 보존되기를 원하기 때문이다. _『대이교도대전』, 2권, 41장

2. 모든 존재는 그가 존재하는 만큼 선하다. _『신학대전』, 1권, 문5

3. 존재의 바깥에서는 선善이 있을 수 없다. _『신학대전』, 1권, 문5

세상에 존재하는 모든 것은 그 자체 '좋은 것'이며, 존재하는 만큼 선한 것이며, 나아가 존재의 바깥에서 선이 있을 수 없다는 것은 결국 선이란 존재의 속성 그 자체임을 말하는 것이다. 물론 이러한 생각에는 세계를 보는 하나의 '형이상학적 관점' 혹은 '신비주의적 관점'이 내포되어 있다. 형이상학적形而上學的인 관점이란 세계를 보는 일종의 '낙관주의' 혹은 '긍정주의'의 시각이다. 현대인의 관점에서 보자면 돌이나 꽃이나 나

무기 구름이나 노는 것은 윤리·도덕적인 선악의 문제에 있어서는 '중립적인 것'이다. 하지만 어떤 관점에서 보자면 이러한 것들이 '좋은 것'이기에 '선한 것'이라고 할 수 있다. 가령 어떤 사람에게는 '옥상 위의 한 송이 민들레'가 삶에 대한 활력과 의지를 불어넣을 수 있기 때문이다. 모든 사람은 존재하고자, 즉 죽지 않고 살고자 원한다. '원하는 것' 그것은 곧 좋은 것이며, 좋은 것, 그것은 곧 선한 것이다. 마찬가지로 모든 존재하는 것은 존재하기를 지속하고 있다는 그 자체만으로 좋은 것이며, 곧 선한 것이다. 물론 사람들은 '파리나 모기같이 병을 옮기고 사람들을 귀찮게 하는 이러한 것들도 그 자체 좋은 것인가'라고 질문할 수도 있을 것이다. 그리고 형이상학적 시각에서는 그렇다고 할 수 있다. 형이상학적이라는 말은 다양한 의미를 가지고 있지만 여기서는 '세계를 전체적으로 보는 시각'을 말한다. 당장 나를 괴롭히는 모기나 파리가 지금 나에게는 좋은 것이 아닐지 몰라도 전체적으로 보자면 좋은 것이다. 왜냐하면 죽은 짐승들의 시체를 먹어치우는 파리의 애벌레, 즉 구더기가 없다면 죽은 동물들의 시체는 계속 부패하여, 세상에는 온갖 전염병이 만연하여 결국 세상이 종말을 맞이할 수도 있을 것이기 때문이다. 그리고 모기의 애벌레들은 다른 수중 생명체들의 먹이가 되어 생태계를 건강하게 유지하는 데 도움을 주고 있다. 마찬가지로 '위장병'이나 '몸살' 같은 병도 그 병을 지니고 있는 사람에게는 참으로 '나쁜 것'처럼 보이지만, 전체적으로 보자면 좋은 것이다, 왜냐하면 '병'이란 자연적인 질서가 깨어졌을 때 나타나는 '위험신호'와 같은 것이기 때문이다. 만일 내가 음식을 매우 불규칙하게 먹는데도 '위장병'을 가지지 않는다면 결국 나는 영양실조나 다른 이유로 죽음을 맞이하게 될 것이기 때문이다. 이처럼 자연적으로 주어진 모든 것은 그것이 자연 질서를 유지한다는 의미에서 좋은 것이며, 또한 선한 것이다. 따라서 생태계라는 것은 그 자체 선한 것이며, 이를 파괴하는 행위는 악한 것이다.

그런데 생명체의 경우에는 그냥 존재하는 것이 아니라, 변화하고 성장하고 진보한다. '성장'이라는 것은 '가능성'이 실현된다는 것이다. 토마스 아퀴나스는 모든 존재하는 것은 '가능태potentia와 현실태actus'의 합성으로 이루어져 있다고 고찰하고 있다. 소나무 씨앗 안에는 완성된 소나무가 가능성으로 들어 있다. 여기서 씨앗은 '현실태'이며 완성된 소나무는 '가능

태'이다. 마찬가지로 이런아이 안에는 가능성으로서의 '어른'
이 포함되어 있다. 성장하고 진보한다는 것은 바로 이러한 가
능태가 현실태로 이행한다는 것을 의미한다. 우리가 실현이
라고 하는 것은 바로 가능성이 현실이 되었다는 것을 의미한
다. 여기서 모든 가능성은 '잠정적인 선'이며, 이것이 실현되
었을 때 현실적인 선이 존재하게 된다. 따라서 모든 것은 존
재하는 만큼, 즉 잠정적인 선이 현실적인 선으로 '실현된 만
큼' 선한 것이다. 어떤 의미에서 모든 정상적인 어른은 '어른
이 되었다'는 그 자체에서 '어떤 선을 실현'한 것이다. 따라서
토미즘Thomism에 있어서 선을 실현하기 위해서는 거대하거나
대단하거나 놀라운 것을 생각할 필요가 없다. 자신이 자신의
내면에 혹은 자신의 본성에 지니고 있는 어떤 자신의 가능성
을 '실현하는 것', 이것으로 충분하기 때문이다. 프랑스의 현
대 토미스트인 에티엔 질송Etienne Gilson은 토미즘의 도덕적인
제일원칙을 '너인 그것이 되라!Devient ce que tu est!'고 한마디로 요
약하고 있는데, 이는 모든 인간이 선을 실현할 수 있는 유일한
길이며, 또한 행복할 수 있는 유일한 길이다. 이는 달리 말해
서 행복을 위해서는 1등이 되거나, 대단한 것을 창출하거나,

위대한 선수가 되거나, 남을 흉내 내거나, 남을 이겨야 할 필요가 없다는 것을 말한다. 자신의 내면 속에 혹은 자신의 인격 속에 지니고 있는 그 어떤 가능성을 실현하기만 하면 되는 것이다.

선善이라고 명명할 수 있는 것은 '가능태로서의 존재(잠정적인 선)'이거나 혹은 '현실태로서의 존재(실현된 선)'이거나 둘 중하나이며, 따라서 존재인 것뿐이다. "선하지 않은 것은 어떤 것도 존재가 아니다(『신학대전』, 1권, 문5)." 존재가 아닌 것은 선이 아니며, 그러한 모든 허상 혹은 망상은 일종의 악(존재의 부재不在)이라고 해야 한다. 예술가들이 자신의 생각 속에 지니고 있는 '예술작품에 대한 구상'은 그 자체 하나의 '잠정적인 선'일 것이며, 그것이 실현된다면 그것은 '현실적인 선'이 되는 것이다.

2
악의 개념

이처럼 토마스 아퀴나스에게 있어서 '선'의 개념은 매우 적극적인 의미를 띠고 있으며, 반면 선에 대립하는 악*malum*의 개념은 매우 소극적인 개념을 지니고 있다. 토마스 아퀴나스는 '악'의 개념을 '선의 부족'으로 이해하고 있다. 악에 관한 토마스 아퀴나스의 몇 가지 진술을 들어보자.

1. 악이란 선의 부족에 지나지 않는다. _『대이교도대전』, 3권, 7장

2. 어떠한 것도 그 자체로 악한 것은 없다. 악이란 어떠한 본질(본성)도 지니지 않는 것이다. _『대이교도대전』, 3권, 7장

3. 악마들도 지성적인 실체*substantia intellectualis*들이기 때문에 본성적으로 악을 지향한다고 말할 수는 없다. 따라서 그들의 본질이 악이라고 말할 수가 없다. _『신학대전』, 1권, 문63

존재하는 것은 선뿐이라는 그 의미에서, 존재하지 않는 것을 존재하는 것으로 여길 때 이는 곧 악이 된다. 마찬가지로 있어야 할 선이 부족할 때 악이 된다. 가령 모든 거짓말은 그것이 존재하지 않는 것을 존재하는 것처럼 고려하는 것이기에 '악'이라고 하는 것이다. 건강하다는 것은 모든 것이 정상이라는 것을 의미한다. 육체적인 선이란 건강이며, 그 반대는 병이다. 그런데 병이 들었다는 것은 사실상 건강을 상실하였다는 것이며, 이는 달리 말해 정상적인 육체적 질서가 박탈됨 혹은 깨어짐을 의미한다. 소화기능을 '상실하였다'는 것이나 위장병이 '생겼다'는 것이나 사실 동일한 말이다. 존재라는 의미에서 보자면 위장병은 존재의 상실을 의미하는 것이지 '다른 존재'가 생겼다는 것을 의미하는 것이 아니다. 이처럼 모든 자연적인 질서에서 무엇인가 상실된 것을 '자연악自然惡'이라고 한다. 마찬가지로 '어른'이 '어린아이의 행동'을 할 때 이는 어른으로서 적합한 행동이 박탈되어 있기에 선의 상실이라는 차원에서 자연악이다. 반면 한 국가원수가 국가와 국민을 사랑하는 마음이 부족할 때, 이는 하나의 '사회적인 악'이 된다. 모든 사물, 모든 생명체, 모든 인간은 자신에게 적합한 행위가 있으며, 이러한 적합한 행위가 전체적으로 이상적인 하나의 세계를 형성하고 있다. "악이란 그에게 적합한 행위가 부족한 상태를 말하는 것이다(『대이교도대전』, 3권, 4장)."

'어떠한 것도 그 자체로 악한 것은 없다'는 것은 '존재하는 것은 무엇이나 존재하는 만큼 선하다'는 그 원리로부터 필연적이다. 그래서 사실상 우리가 생각하는 '악마'라는 것은 존재하지 않는다. 마찬가지로 '악한 사람'이라는 것도 존재하지 않는다. 순수한 '악'은 그 자체가 논리적으로 성립하지 않는 것이기 때문이다. 존재하는 것이 선이기에 순수한 악이란 '모든 존재가 박탈된 것'이라는 뜻이다. 생명체로 보자면 '순수한 악'은 '존재의 소멸', 즉 '죽음'을 뜻하는 것이다. 절대적으로 정상적인 것, 그의 상황에서 전혀 부족함이 없는 그러한 사람이 있다면 그는 '선한 사람'이라고 말해질 수 있다. 반면 만일 그가 그의 처지나 상황에서 무언가 부족한 것이 있다면 그는 '선과 악'을 어느 정도 공유한 사람이라고 해야만 할 것이다. 그래서 공자나 부처나 예수 같은 성인들이 아니라면 모든 인간은 '선이 부족한 인간' 즉 '어느 정도 악을 가지고 있는 사람'이라고 해야 할 것이다. 아마도 이러한 이유로 예수는 자신을 선하다고 하는 제자들에게 "왜 나를 선하다고 하느냐, 선하신 분은 오직 한 분 세상을 만드신 분뿐이다"라고 한지도 모를 일이다. 이러한 관점은 평범한 일반인인 우리에게 참으로 위안을 주는 말이라고 할 수도 있다. 늘 부족하고, 늘 죄인 같은 느낌을 안고 사는 우리에게 이것이 모든 인간이 안고 사는 공통된 운명이라고 하는 것과 같은 것이기 때문이다. 비록 선과 악을 공유하면서 살아가고 있지만, 그 깊은 본성 혹은 본질에 있어서 모든 존재는 '선한 본질'을 지니고 있다는 데서 우리는 어떤 '희망' 혹은 '낙관주의'를 발견하고 있다. 비록 부족하고, 보잘것없고, 미천하고, 한심한 '나'라고 할지라도, 나의 존재는 선한 것이며, 내가 존재하기에 존재하는 그만큼 선한 것이며, 언제나 선을 실현할 '가능태'를 나의 내면에 간직하고 사는 나이다. 그래서 어떤 죄인도 '죽일 죄인'은 없는 것이다. 다만 정도의 차이를 가지고 보다 많은 '선이 결여되어 있지만' 우리와 마찬가지로 그 죄인은 항상 선한 본질을 가지고 있으며, 선을 실현할 '가능태'를 자신 속에 지니고 있다. 따라서 토미즘의 선악에 관한 사유는 참으로 '휴머니즘'적인 것이다. 죄인을 나쁜 사람으로 보지 않고 '선이 부족한 자' 혹은 '영혼이 병든

자'도 고려하나는 것은 처벌보다는 교정을 주장하고 있기 때문이다. 그래서 불교에서와 마찬가지로 토미즘은 사형제도를 부정하며, 모든 생명에 대한 존중을 지지하는 것이다.

악마도 그 본질에 있어서는 '악을 지향하지 않는다'는 이러한 사유는 선뜻 이해가 가지 않는 사유이지만, 사실 이는 형이상학적인 논리 그 자체에 있어서 그럴 수밖에 없다. 모든 악은 선의 어떤 왜곡 혹은 결핍을 말한다는 것은 여전히 그 주체나 실체는 선이라는 사실을 긍정하고 있다. 이는 "악惡의 주체가 선善이라는 것을 말해 준다(『신학대전』, 1권, 문48)." 악마도 그 본질에 있어서는 '선한 본성'을 지니며 다만 왜곡된 본성을 지니고 있다는 것은 모순된 사고 같지만, 이는 사실 이미 '신비주의' 차원에 있는 것이다. '신비주의'란 무엇을 말하는가? 프랑스의 유신론적 실존주의자 '루이 라벨Louis Lavelle'은 "신비란 어느 정도 이성적으로 분명하지만 어느 정도는 전혀 이성적으로 알 수 없는 것"이라고 하였다. 가령 매일 아침 해가 떠오르고, 식물들은 태양빛을 향해 줄기를 내고, 낮이 되어도 별들이 저 하늘에 떠 있을 것이라는 사실은 너무나 분명한 진실들이다. 하지만 왜 태양은 운행을 멈추지 않고, 왜 식물들은 항상 햇빛

을 향하고, 별들은 왜 자기 멋대로 가버리지 않는지 하는 물음
에는 결코 이성적으로 분명한 답을 줄 수가 없다. 과학자들은
'자연법칙' 운운하겠지만 "이러한 자연법칙이 왜 생겼으며, 이
러한 법칙들이 사라지지 않고 유지되는 것은 무엇 때문이며,
나아가 애초에 누가 이러한 법칙들을 고안한 것인지" 하는 질
문들에는 도저히 과학적으로 답할 수가 없는 질문이다. 중세
의 신비가들은 명상瞑想을 하고 묵상黙想을 하고, 한마디로 내
면적인 삶의 체험을 통해서 이러한 물음에 답을 얻고자 하였
다. 그리고 그들의 신비체험은 이 우주의 내면에 존재하는 어
떤 신적인 존재를 체험할 수 있게 하였고, 모든 것이 신의 존
재로부터 '유출되었으며(유출설)' 모든 존재하는 것이 '신적 존
재에 참여함으로써 존재를 지속하며(분유설)' 모든 자연법칙이
'영원법lex aeterna'에 참여함으로써 그 법칙의 지속을 보장받고
있음을 통찰하였다. 따라서 악마도 그의 존재를 지속하기 위
해서는 신적 존재에 참여함으로써만 가능하다고 생각하였다.
이 세계에서 선이 완전히 결핍된 것은 있을 수가 없다. 왜냐
하면 신적 존재에 참여하지 않고서는 존재를 유지할 수가 없
기 때문이다. 바로 이러한 것이 신비가들이 체험한 진실이며,

처소한 이들에게는 이러한 사실들이 '철학적 신앙' 즉 삶의 체험을 통해서 너무나 분명하게 확신하는 진실로 이해될 수 있다. 그래서 보나벤투라 같은 중세 철학자는 '신이 존재한다는 것은 내일도 태양이 떠오를 것이라는 사실만큼 분명한 사실'이라고 한 것이다. 이러한 신비주의적 관점에서 보자면 '악의 완전한 승리'라는 것은 그 자체 모순된다. 왜냐하면 악의 완전한 승리라는 것은 존재의 완전한 상실을 의미할 것인데, 그렇게 된다면 악이 뿌리를 두고 있는 그 실체가 소멸된다는 것이며, 이는 또한 악의 소멸을 동시에 의미하는 것이기 때문이다. 이러한 관점에서 보자면 토미즘의 세계관은 참으로 낙관적인 세계관이라고 할 수 있다.

3
'존재의 충만', 행복을 가져다주는 선善

인간은 누구나가 '행복'을 원한다. 이는 만고불면의 진리이다. 그렇다면 인간의 행복은 어디에서 오는가? 인간은 누구나 자신이 원하는 것을 얻게 되면 작은 행복을 느낀다. 아리스토 텔레스는 '행복 그 자체'는 '최종적으로 주어지는 것'이라고 생 각했는데, 이는 마치 인생의 마지막에서야 획득할 수 있는 것 이 '행복'이라고 하는 말과 같다. 하지만 토마스 아퀴나스는 이러한 행복을 '지복至福, beatitudo'이라고 명명하고 있는 만큼 그냥 행복이라고 할 때 이 행복은 일상의 작은 것들에서도 주 어질 수 있는 그 무엇이다. 만일 그렇지 않다면 오늘날 '행복 지수'라는 말은 사용할 수가 없을 것이다. 그렇다면 토마스 아 퀴나스에게 있어서 행복은 무엇이며, 어떻게 주어지는가?

행복은 인간에게 고유한 선善이다. 만일 동물에게 이 말을 사용 한다면 이는 언어의 남용이 될 것이다. 그런데 인간도 동물도 자신들만의 즐거움을 지니고 있다. 따라서 즐거움과 행복은 같 은 것이 아니다. _『대이교도대전』, 3권, 27장

행복이 무엇이라고 정의하기는 참으로 어려운 것이지만, 토 마스 아퀴나스는 행복이 인간에게 있어서 고유한 선이라고

말하면서 행복을 어떤 정신적인 것과 연관시키고 있다. 여기서 그는 육체적인 좋은 것이나 혹은 감각적인 좋은 것은 행복을 주는 것이 아니라고 말하고 있다. 그렇다면 이러한 것들은 무엇이란 말인가? 사실 현대인에게 있어서는 이러한 것들은 마치 행복의 첫 조건처럼, 아니 가장 중요한 조건처럼 생각되고 있다. 살 만한 집과 최소한의 경제적 수입 그리고 좋은 건강이 없이 어떻게 '행복'이라는 말을 할 수가 있다는 말인가? 그런데 토마스 아퀴나스는 여기서 '즐거움'과 '기쁨'을 구별하면서 전자는 동물도 가지는 것이요, 후자만이 기쁨을 주는 것, 즉 행복을 주는 것이라고 구별하고 있다. 그렇다면 '즐거움'과 '기쁨'은 어떤 차이를 가지고 있을까? 한국어에서는 분명하게 구별되지 않는 이 두 용어는 불어에서는 매우 분명하게 구분되고 있다. 우선 즐거움le plaisir은 '감각적이고 외적이며 어떤 순간적인 기분'과 관계되며, 기쁨la Joie은 '정신적이고 내적인 어떤 지속적인 상태'와 관계된다. 전자는 순간적으로 만족감을 가져다주는 것인 반면 후자는 지속적인 만족감을 가져다준다. 가령 길을 가다가 '만 원짜리 지폐' 한 장을 줍게 되면 '만족'하지만, 마음 깊이 기쁨이 솟구치지는 않는다. 그리고 그 만족감은 두어 시간이나 한나절이 지나면 사라지고 만다. 반면 만일 사랑하는 사람으로부터 한 통의 편지를 받게 되면 그 만족감은 매우 클 뿐 아니라, 깊은 내적인 기쁨을 유발하면서 지속적이다. 하루 이틀 아니 한 달이 지나도 그 편지를 떠올리면 마음이 흐뭇해진다. 우리가 행복하다고 할 때 이 행복은 단순히 외적이고 순간적인 어떤 만족이나 즐거움을 의미하지는 않는다. 이는 내적이고 정신적이며 지속적인 어떤 만족을 가져다주는 그러한 상태, 즉 기쁨이 지속하는 상태를 의미한다. 그래서 이러한 행복은 동물에게는 사용할 수가 없다고 한 것이다.

사람에 따라 그 정도의 차이가 있기는 하지만 물질적이고 육체적인 '좋은 것'은 그것이 가져다주는 만족감이 매우 외적이고 순간적인 것이라는 측면에서 '즐거움'에 해당하며, 정신적이고 마음적인 '좋은 것'은 내적이고 지속적이라는 측면에서 '기쁨'에 해당한다. 그리고 우리가 행복이라고 할 때는 반드시 후자를 내포하고 있어야 한다. 그러기에 어느 광고 문구가 말하고 있는 '이른 아침 커피 한 잔의 행복!'과 같은 표현은 사실 '언어의 남용'이라고 해야 할 것이다. 커피 한 잔으로 우리가 얻을 수 있는 것은 결고 '행복'이 아닐 것이며, 다만 '순간의 즐거움'을 얻을 수 있을 뿐이다. 정도의 차이가 있겠지만 모든 물질적이고 육체적인 좋은 것도 사실 마찬가지다. 아무리 아파트의 평수가 크다고 해도 좋은 집이 가져다주는 '즐거움'은 오래가지 않으며, 아무리 기업이 번창한다 해도 재산의 증식이 가져다주는 '즐거움'은 한정되어 있다. 100억 원의 재산을 가진 사람에게 있어서 10억 원을 더 버는 일은 그리 큰 즐거움을 주지 않는다고 심리학자들은 말하고 있지 않은가! 만일 그렇지 않다면 '부자나라 = 행복지수 높은 나라'라는 등식이 성립할 것이지만 그렇지 않다는 것은 누구나 잘 알고 있다. 2005년도의 유엔 통계자료에 의하면 지구상에서 가장 행복지수가 높은 나라는 '한국'보다 국민소득이 약간 낮은 중미의 '푸에르토리코'였다. 물론 현대인에게 있어서 이러한 물질적이고 육체적인 좋은 것들은 '행복의 원인'이 아니라 '행복의 기본조건'이라고 해야 할 것이다. 내가 아무리 좋은 우정을 가지고 있으며, 선한 정신과 의로운 마음을 가지고 있고, 많은 사람으로부터 칭송받는다 해도, 매일 빚쟁이에게 시달리거나, 한 달 뒤에 죽을 수밖에 없는 불치병에 걸려 있다면 나는 결코 행복할 수가 없을 것이기 때문이다. 다시 말해서 물질적이고 육체적인 선善들 —부와 건강— 은 행복의 '충분조건'이 아니라 '필요조건'이다. 내가 아무리 사회적으로 성공을 하고, 많은 부와 육체의 건강과 혹은 남이 부러워하는 미모를 가지고 있다고 해도 이러한 것이 '행복'을 가져다주지는 않는다. 왜냐하면 이러한 것들은 잠시의 '즐거움' 혹은 어느 정도의 기쁨을 가져다주기는 하겠지만 결코 지속적인 만족, 즉 '존재의 충만'을 야기하지는 못하기 때문이다. 그렇다면 '행복'을 가져다 줄 '내적이고 정신적인 것', 즉 '기쁨'이란 어떠한 것이며, 어디서 주어지며 그 상태는 어떠한 것인가?

우리는 토마스 아퀴나스가 말하고 있는 행복한 상태를 가브리엘 마르셀 같은 실존주의자의 말을 빌려 '존재의 충만la plénitude de l'être'이라고 말할 수 있다. 토마스 아퀴나스에게 있어서 이 행복, 이 존재의 충만은 모든 인간이 본성적으로 혹은 자연적으로 원하게 되는 것이지만(『신학대전』, 2-1권, 문69), 그러나 어느 누구에게도 자연적으로 주어지지는 않는 것이며 의지를 통해서 획득해야만 하는 것이다(『대이교도대전』, 3권, 28장). 우선 '존재의 충만'이라는 것이 어떠한 것인지 생각해보자. 나이 존재라는 말은 '나의 총제' 옥은 '나의 모든 것'이라고 할 수 있다. 나에게 있는 그 어떤 것도 '나의 존재'의 일부이기 때문이다. 철학자들이 어떤 대상에 대해 '존재'라는 말을 사용하는 데는 특별한 이유가 있다. 단순히 대상의 총체라고 말할 때는 '물리적인 것'과 '감성적인 것' 혹은 '심리적인 것'이나 '정신적인 것'을 의미할 것이다. 이러한 것은 대상으로서의 한 인간이 현재 지니고 있는 전부라고 할 수 있다. 하지만 이러한 '총체'는 고정되고 닫혀진 대상으로서의 총체이다. 만일 이러한 것으로 대상을 규정하게 된다면 이는 대상의 존재를 제한하는 것이며, 대상의 실재를 왜곡하는 것이 될 것이다. 그래서 토마스 아퀴나스는 "존재에게서 발견되는 실체, 양, 질, 그리고 다른 모든 내용으로서 존재를 규정하게 된다면 이는 '존재'를 제한하는 것(『신학대전』, 1권, 문5)"이라고 말하고 있다. 인간뿐만 아니라 생명체는 결코 고정되지 않고 닫혀 있지 않다. 베르그송은 생명체는 항상 유동적이고, 약동하며 그러기에 엄밀히 말해 "변화가 있을 뿐 변화하는 것은 없다"라고 말하고 있다. 하지만 토마스 아퀴나스에게 있어서는 다만 생명체뿐 아니라 바위와 같은 대상도 '존재'로 고려하는 한 닫혀 있지 않다. 그는 "존재

esse는 모든 것의 현실성*actualitas*이다(『신학대전』, 1권, 문5)"라고 말하고 있는데, 이는 바위를 존재로 고려한다는 것은 바위에 살고 있는 이끼나 미생물들, 나아가 바위의 실존을 지속하게 하며 이를 떠받치고 있는 신적 존재인 존재 자체*Esse Ipsum*와의 관계까지도 함의하고 있는 것이다. 그리고 레비나스 같은 철학자는 인간은 항상 '관계성' 중에 있는 존재이며, 나의 '동일성(정체성)'은 항상 너와의 관계성 속에서만 생각해 볼 수 있다고 한다. 바로 이렇게 인간존재란 항상 유동적이고 변화하며 어떤 관계성 속에 있는 존재이다. 여기서 우리는 '존재'란 항상 변화의 가능성을 가지고 있으며, '그 무엇과의 관계성' 속에 있는 존재라고 이해할 수 있다. 그래서 '존재의 충만'이라는 말은 내가 지니고 있는 과거와 현재 그리고 미래의 어떤 변화들과 가능성들에 대한 고려, 나아가 내가 지니고 있는 어떤 관계성들에 대한 총체를 포함하는 충만함이다. 예를 들어 '로미오'의 존재는 '줄리엣'이라는 존재와의 관계성을 전제하지 않고서는 생각할 수가 없으며, '농부의 존재'는 '대지와 곡식' 그리고 '자연의 존재'를 고려하지 않고서는 이해될 수 없으며, '마더 테레사'라는 존재는 '가난한 이들의 실존'과 '신적 실존'과의 관계성을 생각하지 않고서는 결코 이해될 수가 없다. 이처럼 존재라는 말은 가장 풍부하고 심오한 의미를 담고 있는 용어이다. 그래서 토마스 아퀴나스는 "존재는 각자에게 가장 내밀하고, 모든 것 안에서는 가장 심오한 것이다(『신학대전』, 1권, 문8)"라고 말하고 있는 것이다. 따라서 만일 우리가 단적으로 '인간존재'라고 한다면 이 '존재'의 의미에는 인간의 언어로 규정할 수 있는 모든 것을 포함하면서 그 이상이 포함되어 있을 것이며, 그러기에 '존재는 신비이다'는 가브리엘 마르셀의 현대적 표현이 가능하고 또 자연스러운 것이다. '인간은 인간을 무한히 넘어서는 존재이다'라는 파스칼의 표현이나 '인간은 보다 큰 세계로 열린 X이다'라고 표현한 막스 셸러의 정의도 바로 이러한 존재의 풍요를 말하고자 하는 것이다.

이제 존재의 충만이 의미하는 것을 구체적으로 생각해보자. '충만plenitudo'이라는 것은 '가득하다' 혹은 '차고 넘치다'는 것이다. 부족함이 없이 가득한 어떤 것을 '충만'이라고 한다면 '존재의 충만'이라는 것은 '존재가 요구(요청)하는 모든 것이 갖추어진 상태' 혹은 '존재가 희망하는 것이 응답된 상태'가 될 것이다. 이는 육체적으로 감성적으로 그리고 심리적으로 정신적으로 나아가 초월적인 것에 있어서까지 모든 것이 부족함이 없는 상태를 말한다. 물론 이렇게 존재의 충만을 완벽하게 소유하고 있는 사람은 이 세상에 없을 것이며, 정도의 차이를 가지고 모든 인간은 이러한 존재의 충만을 갈망하고 희구하고 있다. 여기서 그가 어떤 상황 속에 있는가에 따라서 존재의 다양성 중 어떤 것은 보다 중요한 것으로 어떤 것은 보다 덜 중요한 것으로 부각될 것이다. 그리고 이 모든 것이 '단 하나의 존재의 다양한 양태'(『존재와 본질』, 5장)라고 한다면, 그 어느 것도 무시될 수 없는 것이 사실이다. 가끔은 우리가 행위하는 것의 진정한 목적이 무엇인지 잘 알 수 없는 경우가 있다는 것도 사실이지만, 그러나 우리의 모든 행위는 궁극적으로 이러한 존재의 요청에 의한 것이며 이는 곧—비록 그것이 무의식적인 것이라 해도— '존재의 충만'을 획득하고자 하는 행위이다. 다시 말해 우리를 움직이게 하고 행동하도록 내미는 것은 곧 '우리의 존재의 요청'이다. 사실 우리가 가치관이라고 하는 것은 이러한 존재의 요청에서 어떤 것을 보다 중요시하는가 하는 것을 말해주고 있다. 동일하게 '봉사활동'을 하는 사람들이라고 해도 그 행위의 목적이나 동기는 다양할 수밖에 없다. 이띤 사람은 '봉사를 하면 기분이 좋기 때문에', 어떤 사람은 '종교적인 신념의 실천 방법'으로, 어떤 사람은 '정치적인 어떤 이득' 때문에, 어떤 사람은 단순히 '친구를 사귀기 위해서', 또 어떤 사람은 단순히 '선한 일이기 때문에', 경우에 따라서는 '봉사점수가 자신의 월급을 올려주기 때문에' 행하는 사람도 있다. 여기서 '왜' 혹은 '어떤 목적으로' 하는가 하는 행위의 동기나 목적은 결국 어떤 것을 보다 가치 있게 여기는가 하는 것을 말해주고 있다. 그런데 이 모든 것은 결국 우리의 '존재의 요구 혹은 요청'에 응답하는 것이다.

토마스 아퀴나스는 이러한 존재의 요청을 '사랑'이라는 말로 표현하면서 '사랑은 모든 것의 원인'(『신학대전』, 1-2권, 문26)이라고 생각하고 있다. 단순히 포도주를 즐기는 차원의 감각적인 사랑, 그리고 예술품을 감상하는 것과 같은 정서적 차원의 사랑, 선행과 정의실현 같은 '정신적인 사랑', 나아가 한 인간을 사랑하는 '인격적인 사랑', 신성한 어떤 것을 갈망하는 종교적 차원의 '영성적인 사랑' 등 모든 것을 사랑의 발로처럼 생각하고 있다. 즉 한 인간의 존재 혹은 실존적 상황을 이해하기 위해서는 '그가 무엇을 사랑하고 있는가' 하는 것을 이해하면 되는 것이다. 좀 과장하여 표현하자면 '아무것도 사랑하지 않는 사람은 아무것도 아닌 것'이며, '모든 것을 사랑하는 사람은 모든 것'이 된다. "영혼은 어떤 의미에서 모든 것이 되는 것이다(『신학대전』, 1권, 문76)." 오늘날 현대인이 '행복'을 추구하기 위해서 추구하는 '웰빙'의 문제는 이러한 존재의 갈망이 주로 '물질적이고 정서적'인 것에 국한된다는 데에 문제가 있다. 'Well-Being' 즉 '잘 존재하기'란 말 그대로 존재의 모든 요청이 응답된 상태를 말한다. 하지만 현대인은 '물질적이고 육체적인 선'과 '감성적이고 정서적인 선'을 추구하지만 '윤리적 선함'을 추구하는 데는 게으르며, 나아가 '영성적인 선'과는 담을 쌓고 있다고 해도 과언이 아니다. 그러기에 모든 것을 소유하고 있는 것 같지만 여전히 '행복지수'는 바닥을 치고 있는 사회가 있을 수밖에 없다. 선이 행복을 보장하는 것이라면 현대인의 불행은 그 가장 기본적인 밑바닥의 선, 즉 '선한 본성'을 망각하고 있다. 토마스 아퀴나스는 이에 대해 다음과 같이 말하고 있다.

선善, bonum의 개념은 우선 선량한 특성을 말하며, 다음으로 유

쾌한 것을 만치며, 그리고 유용한 것을 말한다. _『신학대전』, 1권, 문5

우리가 추구하는 것이 진정으로 우리의 '존재의 선' 혹은 '존재의 충만'이 되기 위해서는 한 가지 조건이 전제된다. 그것은 추구된 것을 수용하는 우리의 본성 혹은 실존이 '선'으로 변모되어야 한다는 조건이다. 쉽게 말해서 우리가 먼저 선량한 마음을 지니지 못한다면 우리가 소유한 그 어떤 물질적인 혹은 육체적인 선도 진정한 우리의 존재의 선이 될 수가 없다는 것을 말한다. 예를 들어 도박에 빠진 사람이나 알코올 중독자에게 있어서 획득된 물질적인 선은 오히려 그의 삶을 망치는 도구가 될 뿐일 것이며, 반면 선량한 수도승에게 있어서 이러한 물질적인 선은 가난한 사람을 구원할 수 있는 방편이 될 것이다. 이처럼 우선적으로 '윤리·도덕적인 선한 마음' 혹은 '선량한 기질'을 소유하지 않은 사람에게서는 모든 즐거움이나 유용함도 행복을 위한 수단이 되기에는 역부족이다. 여기서 하나의 구체적인 다른 예를 들자면 '성 프란치스코'가 노래한 '태양의 찬가'에서는 '자연'이라는 것이 마치 매 순간 신의 존재를 계시해주고 자신에게 삶의 신비를 들려주는 가장 친근한 벗이요 형제처럼 묘사되어 있다. 보통의 일반인들에게 있어서는 별 감흥도 느낄 수 없는 매일 떠오르는 태양이나 달이 그리고 작은 들꽃이나 하늘의 별들이 그에게는 신의 현존을 계시해주는 신비로 다가온 이유는 어디에 있는가? 그것은 바로 그것들을 받아들이는 그의 마음 혹은 그의 영혼 혹은 그의 실존의 상태에 있는 것이 아닐까? 속된 말로 부처는 모든 곳에서 부처를 발견하고 도둑은 모든 곳에서 도둑을 발견한다는 것이 아닐까? 즉 내 마음속에 '선함'이 없다면 그 어떤 외적인 선도 진정한 선으로 받아들일 수가 없다. 결국 진정으로 행복하기를 원하는 사람은 우선 선량한 사람 혹은 의로운 사람이 되어야만 하는 것이다.

그런데 인간은 사랑에 있어서와 마찬가지로 행복을 추구하는 데 있어서 그 끝이 있을 수 없다. '이만하면 되었다'는 사랑이나 행복이 지상의 삶에서 획득할 수 없다는 것은 대다수의 사람들이 경험적으로 알 수 있는 진리이다. 다시 말해서 이 지상의 삶에서 '완전한 사랑', '완전한 행복'은 있을 수가 없다. 그렇다면 이러한 것은 어디서 오는가? 불가능한 것인가? 그

럴다. 최소한 이 지상에서는 이러한 것이 불가능하다. 토마스 아퀴나스는 "이 지상의 삶 안에서는 그의 최상의 행복을 발견하지 못한다고 결론을 내려야만 한다(『대이교도대전』, 3권, 48장)"라고 말하고 있다. 아마도 불교신자라면 '그렇기 때문에 마음을 비워야 한다'고 말할 것이다. 하지만 토마스 아퀴나스는 이렇게 말하고 있지는 않다. 그것이 무엇이든 자연적으로 갈망하게 되는 것이 헛될 만큼 세계가 불합리하지는 않다고 생각하기 때문이다. 이성적인 인간이 갈망하는 것 중에서 이 지상의 삶에서 불가능한 것이 있다면 '완전한 행복'과 '불멸에 대한 갈망'이다. 만일 이러한 것이 불가능하다면 애초에 인간은 이러한 것을 추구하도록 그렇게 창조되지 않았을 것이다. 그렇다면 이는 어디서 어떻게 가능한 것인가?

4

지복至福, beatitudo

완전한 행복은 완전한 선을 소유하는 것을 말한다. _『신학대전』,
1-2권, 문5

사람들은 흔히 '인간은 불완전한 존재이다'라고 말하곤 한
다. 여기서 불완전하다는 것은 무엇을 말하며, 완전하다는 것
은 또 무엇을 말하는 것일까? '완전하다'는 것은 사실 다양한
의미를 지닌 말이다. 사람들은 옷을 맞출 때, 그 옷이 한 치의
오차도 없이 몸에 꼭 맞을 때 '완전하다'고 말한다. 그리고 아
이가 탄생하였을 때 아무런 이상이나 병이 없이 모두가 정상
일 때에도 문제가 없다는 의미에서 '완전한 아기'가 태어났다
고 한다. 우리는 이러한 것을 '소극적인 의미의 완전함'(『신학대
전』, 1권, 문4)이라고 할 수 있을 것이다. 왜냐하면 내 몸에 딱 맞
는 옷이라고 해서 가장 좋은 옷은 아닐 것이기 때문이다. 그
리고 아기는 아기로서 완전하지만 '인간' 혹은 '사람'으로서는

너무나 불완전하기 때문입니다. 여기서 우리는 '적극적인 의미의 완전함'을 생각해 볼 수 있다. 더 이상 보다 나은 것을 생각할 수 없을 만큼 '이상적인 어떤 것' 가령 플라톤의 '이데아'나 니체의 '초인' 같은 존재들은 어떤 의미에 있어서 적극적인 '완전한 존재'들이다. 토마스는 이러한 완전함을 '진보의 마지막 단계에서 나타나는 완전함'(『신학대전』, 1권, 문4)이라고 말하고 있다. 하지만 이러한 이상적인 존재들은 그것이 '이상적인 것'이란 그 의미 자체에서 현실적인 세계에서는 불가능한 존재들이다. 그렇다면 이상적인 세계는 어디에 있는가? 만일 이러한 이상적인 세계가 존재한다면 그것은 '저편 세계(천국)'에서이거나 우리의 '내면세계'뿐일 것이다.

여기서 우리는 '저편 세계'나 '이상적인 내면세계'가 '실재'인가, '상상의 산물'인가라는 질문을 해 볼 수 있다. 아마도 철학적인 지평에서 '저편 세계'에 대해서 질문한다는 것은 공자나 칸트가 말한 것처럼 '분에 넘치는 행위' 혹은 '월권의 행위'일 것이다. 하지만 그것이 우리의 '내면세계'에 관한 것이라면 우리는 최소한 이에 대해서 이성적으로 추론하고 논의를 전개해 볼 수 있다. 우리의 이상적인 '내면세계', '충만한 내면세계'

란 무엇을 말하는 것일까? 더 이상 바랄 것이 없는 완전히 충만한 내면세계가 가능한 것인가? 이에 답하기 위해서 우선 '충만함'에 대해서 생각해보자. 충만하다는 것은 무엇을 말하는 것인가? 토마스 아퀴나스는 이성이 지닌 덕과 육체적인 나약함을 비교하면서 '충만함*plenitudo*'에 대해서 다음과 같이 말하고 있다.

이성은 육체와 하위적 능력들의 결함들을 극복할 수 있다는 점에서 더욱 자신의 완전함을 보여주고 있다. 바로 이 때문에 이성에게 부여되는 인간의 덕virtus은 육체와 하위적 능력들의 나약함 안에서 그의 충만함plenitudo을 드러내고 있다고 말하는 것이다. _『신학대전』, 1권, 문87

여기서 육체적인 능력들의 결함을 보완하면서 충만함을 보여주는 이성적인 덕이란 무엇을 말하는 것일까? 우리는 한두 가지 예를 들어볼 수 있을 것이다. 가령 집을 구할 때 어떤 집이 아침에 햇빛이 드는 것인지 아닌지를 알기 위해서 만일 우리가 감각적인 능력에만 의존한다면 아침이 되어보지 않고서는 알 수가 없을 것이다. 하지만 민일 그 십의 창문이 어느 방향인지를 안다면 아침이 아니더라도 이성의 추론을 통해서 충분히 알 수가 있다. 창문이 동향이나 남향이라면 아침에도 햇빛이 들겠지만, 만일 북향이나 서향이라면 정오까지는 햇빛이 들지 않는다는 것을 이성의 추론을 통해서 알 수 있는 사실이다. 마찬가지로 옷의 크기나 신발의 크기처럼 모든 물리적인 사실에 대해서도 감각에만 의존해서는 그 진위를 제대로 파악할 수가 없겠지만, 길이, 넓이 등 이성의 추론에 의해서 우리는 정확하게 어떤 사실을 확신할 수가 있다. 즉 이성의 사유는 감각이 의심하는 것을 충분히 해소할 수가 있는 것이다. 이 경우 우리는 감각의 부족함을 이성이 충분히 보완하고 그러기에 더 이상 부족함이 없이 이성에 의해서 충만한 것이다. 이는 윤리 도덕적인 지평에서도 마찬가지이다. 우리가 '의무'라고 하는 것을 이행할 때, 만일 이것을 감성에 의존한다면 참으로 힘겹고 귀찮은 일임을 자주 경험하게 된다. 매일같이 새벽에 통학버스를 운전해야 하는 사람은 그것이 얼마나 귀찮고 힘든 일임을 경험하게 된다. 하지만 만일 그 운전사가 자신이 하는 일이 단순히 먹고살기 위해서가 아니라 '수많은 학생들'을 도우는 일이며, 매일 학생들의 다리가 되어주고 있다고 생각하고 자신 때문에 수많은 학생들이 걱정 없이 제 시간에 등교를 하고 있으며, 그러기에 참으로 가치 있는 일이라고 이성적으로 사유하게 된다면 전혀 힘들지 않고 기쁘게 운전대를 잡을 수가 있다. 즉 이성의 충만함을 보여주는 덕이란 감성의 의심과 갈등을 해결해 줄 수 있는 어떤 합리적인 사유의 능력을 말한다.

하지만 인간의 삶에는 이성적인 사유로써도 해결되지 않는 일이 무수히 많다. 가령 끊임없이 사고를 치고 항상 부모에게 근심 걱정만 끼치는 한 문제아 아들을 돌보는 어머니는 자신의 아들을 돌보는 일이 참으로 힘겹고 피곤한 일임을 경험할 수 있다. 이러한 경우 이성적으로 사유한다고 해서 해결이 되지 않는다. 사람들은 더 이상 희망이 없는 아들이니, 돈을 주지도 말고, 문제를 해결해 주지도 말고, 더 이상 기대하지 말고, 그냥 포기해 버릴 것을 충고할 수도 있다. 하지만 어머니는 결코 자녀를 돌보는 일을 멈추지 않으며 여전히 헌신하기를 포기하지 않는다. 그리고 이러한 헌신은 종종 자녀의 인생을 바꾸게 한다. 이러한 경우 그 어머니의 행위는 결코 이성적으로 이해할 수가 없나. 하지만 이러한 헌신을 가능하게 하는 것은 아들에 대한 어머니의 사랑이다. 사랑은 이성보다 훨씬 탁월하고 높은 능력이기에 이성적으로 할 수 없는 일을 가능하게 하고 이성의 부족함을 충만하게 보완해 주는 어떤 능력이다. 그래서 프랑스의 한 토미스트인 '에메 포레스트'는 "학문을 완성하는 것은 사랑이다"라고 말하고 있다. 즉 윤리학이 해결해 주지 못하는 것을 사랑이 해결해주고 있다는 말이다. 여기서 우리는 인간이 가진 모든 능력은 어떤 위계질서를 가지고 있으며, 상위능력들은 하위능력의 부족함을 보완하고 충만하게 만든다는 것을 알 수가 있다. 루소는 "나에게 도덕에 대해서 책을 한 권 써달라고 한다면, 99페이지를 비워두고 마지막 페이지에 '사랑으로 충분하다'고 쓸 것이다"라고 말한 바 있다. 이는 '사랑'하는 사람에게 있어서는 윤리·도덕적인 모든 요청을 충분하게 수행하고 이보다 더 많은 것을 수행할 수 있음을 말하고 있다. 즉 진정한 사랑이라면 이 사랑에는 '절제', '용기', '굳셈', '정의', '신뢰' 등 모든 윤리적인 덕목이 잠정적으로 내포되어 있으며, 진정 사랑하는 사람에게는 그 '사랑'을 통해서 어떤 윤리적인 덕목도 불가능한 것이 없음을 말해주고 있는 것이다. 그래서 흔히 '사랑은 인간을 충만하게 한다'고 말하곤 한다.

하지만 인간의 사랑이라는 것도 한계가 있다. 인간이 '불완전'하다는 것은 어떤 의미에 있어서 사랑함에 있어서 한계를 가진 존재라는 것을 말하는 것이다. 과연 인간이 무조건적인 사랑, 절대적인 사랑, 무한한 사랑을 가질 수가 있을까? 실존주의의 선구자였던 '키르케고르'는 "신의 사랑을 알고 싶다면 그것이 누구이든 절대적으로 사랑해 보면 된다"라고 말한 바 있다. 하지만 대다수의 사람은 이러한 절대적인 사랑, 무조건적인 사랑을 경험하기가 매우 어렵다는 것을 경험을 통해서 잘 알고 있다. 사실 이러한 사랑을 줄 수 있는 대상을 가질 수 있다면 그 자체만으로도 엄청난 행운이라 할 것이다. 아마도 '완전한 행복'이란 것을 우리가 생각해 볼 수 있다면, 바로 이러한 사랑을 가지는 것이 아닐까? 하지만 엄밀히 말해서 이러한 사랑은 '사랑할 만한 대상'을 전제로 하는 것은 아닐 것이다. 만일 어떤 특정한 대상에 대해서만 가능한 사랑이라면 이러한 사랑은 '배타적'이라는 그 특성에 의해서 여전히 '조건 지워진 불완전한 사랑'이기 때문이다. 즉 완전한 사랑이란 사랑할 만

한 대상을 전제하는 것이 아닌, 사랑하는 주체가 가진 그 사랑
의 특성에 의해서 모든 존재하는 것으로 향하는 그러한 무제
약적인 사랑을 말한다. 그렇다면 본질적으로 불완전한 인간
의 사랑은 완전하게 될 수 있을까? 토마스 아퀴나스는 그렇다
고 말하고 있다. 왜냐하면 불완전한 모든 것은 완성을 위해서
존재하기 때문이다.

> 은총은 본성을 전제로 하고, 완성은 완성할 만한 것을 전제로
> 한다. _『신학대전』, 1-2권, 문50

만일 완성된 사랑 혹은 완전한 사랑이 이 지상의 삶에서 가
능하다고 한다면, 그것은 바로 성인聖人들이 살았던 '영성적인
삶'에서일 것이다. 토마스 아퀴나스는 "신은 은총을 통해 성인
들 안에in sanctis 존재한다(『신학대전』, 1권, 문8)"라고 말하고 있는데,
이는 곧 성인들은 자신의 불완전함을 은총을 통해서 완성하
고 있음을 말하고 있다. 이 은총이라는 것은 '신학적인 덕'이
라고도 말해지는데 구체적으로 말하면 복음적인 덕인 '믿음',
'소망', '사랑'이다.* 불완전하지만 완전한 것을 갈망하고, 유한

한 존재이지만 무한한 것을 갈망하는 이러한 인간의 '이율배반'은 이성적으로만 보자면 '부조리하기 짝이 없는 것'이다. 만일 이러한 부조리함이 진실 그 자체라면 인간은 참으로 비극적인 존재일 것이다. 생각해보자. 어떤 어린이에게 음악에 대한 거부할 수 없는 갈망을 심어놓고서 결코 음악가는 될 수 없게 하는 부모가 있다면 혹은 한 여자아이에 대한 거부할 수 없는 사랑을 심어놓고서 결코 결혼을 허락지 않는 부모가 있다면 이러한 부모는 얼마나 부조리하고 잔인한 부모일까! 그리고 이 자녀는 얼마나 불행하고 비극적인 아이일까! 하지만 세계와 인간을 창조한 신은 결코 이러한 부조리한 신이 아니며, 사랑의 신이다. 사실 신이 전능한 것은 무엇보다 먼저 '사랑함에 있어서 전능하다는 것'을 말한다. 사랑함에 있어서 조건이 없고, 한계가 없고, 끝이 없는 신이 곧 토마스 아퀴나스가 통찰한 신이다.

신은 단지 하늘과 땅, 그리고 천사와 인간만을 보살피는 것이

---

* 신학적인 덕을 말하는 '믿음', '소망', '사랑'에 대해서는 7장 '영성'편에서 다룰 것이다.

아니다. 기긴 곡른 섯늘 —가장 자잘한 벌레들, 새들의 깃털, 들판의 아주 소박한 꽃들, 나뭇잎들— 의 가장 내밀한 구조들도 보살핀다. 신은 이들 부분들의 조화와 일치를 보증한다. _『신학대전』, 1권, 문103

사실상 이러한 토마스 아퀴나스의 사유는 이미 '신비주의'의 지평에 있다. 이러한 신의 사랑을 이해하기 위해서는 결코 물리학이나 유전공학의 분석적인 방법이나 이성적인 추론을 통해서는 해결되지 않는다. 이를 이해하기 위해서는 우리의 눈이 세계의 모든 현상들 아주 작은 이슬방울이나, 식물들의 잎들, 곤충들의 날갯짓 하나하나를 경외와 신비로 볼 수 있는 마음의 눈 혹은 내면의 눈이 필요하다. 비록 우리의 발은 땅을 딛고 있지만 우리의 영혼과 지성은 저편 세계로 열려 있는 그러한 '영성적인 지평'에서만 이러한 '세계내世界內의 신의 현존'을 통찰할 수 있다. 아시시의 성 프란체스코가 지녔던 그 가난한 마음과 더 높여진 정신이 아니라면, 그리고 모든 존재하는 것을 '동일한 어머니의 자녀들'이라고 생각하는 '관용의 정신'을 가지지 않는다면 이러한 것은 한낱 상상의 산물에 지나지 않을 것이다. 이러한 충만한 내면의 세계를 소유한 이들에게는 이미 신의 현존이 함께하고 있다. 토마스 아퀴나스는 이러한 성인聖人들의 삶을 다음과 같이 요약하고 있다.

> 신의 행위(섭리) 안에서 이루어진 피조물의 유사similitudo —신의 지성 속에 있는 이데아들— 가 곧 그의 삶이다. _『진리론』, 말씀에 관하여, 8장

도공이 도자기를 만들기 이전에 이미 그의 정신 안에 '도자기의 이데아'가 존재하듯이 이 지상에서 이루어지는 신의 섭리는 이미 신의 지성 속에 존재하는 그 '모델'을 통해서 이루어진다. 이처럼 누구든지 신의 섭리에 따라 사는 사람은 이미 신의 지성 속에 있는 그 '이상적인 삶'과 유사한 삶을 살고 있다. 여기서 '유사하다'는 것은 '외형이 닮음'이란 뜻이 아니다. 토마스 아퀴나스가 사용하고 있는 라틴어의 'similitudo'는 '외형의 유사함'이 아니라 어떤 '본성적인 닮음'을 의미한다. 즉 집토끼와 산토끼가 유사한 것은 외형의 유사함이 아닌 '토끼라는 본성'의 유사함이다. 이는 비록 성인들의 삶이 외형적으

로는 불완전한 인간의 삶에 시나시 않는다 해도 그들의 본질에 있어서 이미 신의 정신 안에 있는 그들의 '이데아'와 닮아 있다. 그래서 성인들의 삶을 경험적으로만 관찰한다면 그들의 삶은 평범한 일반인들의 삶과 크게 다를 바가 없겠지만 그러나 그들의 내면세계는 이미 어떤 '이상적인 세계'에 맞닿아 있다. 왜냐하면 "모든 사물은 신의 지성 안에서 그들 자신보다 더 참되게 존재하기 때문이다(『신학대전』, 1권, 문18)." '이 지상의 삶 안에서는 그의 최상의 행복을 발견하지 못한다'는 말이 사실이라면, 성인들의 삶은 이 지상에 살고 있지만 이미 이 지상의 삶이 아닌 '저편 세계', 즉 '천국'의 삶을 앞당겨 살고 있는 셈이다. 다시 말하면 비록 육체는 지상에 살고 있지만 그의 영혼은 천국에 살고 있으며, 그의 내면에는 이미 천국이 시작되었다고 말할 수 있다. 그래서 성경에도 "천국은 당신들의 마음속에 있습니다"라고 말하고 있는 것이다. 토마스 아퀴나스는 이러한 삶을 '이중지복'이라고 말하고 있는데, 이는 '천국에서의 지복과 이미 이 지상에서 참여하는 지복'을 말하고 있다.

따라서 종교적인 삶의 가장 이상적인 국면은 윤리적 삶을 완성하는 삶이다. 오늘날 '영성' 혹은 '영성적인 삶'이라고 말하는 것은 바로 이러한 종교적인 삶을 말하며, 이는 속세를 벗어난 초월적인 삶을 의미하는 것이 아니라, 모든 윤리·도덕적인 삶의 요청을 수용하면서 이러한 윤리·도덕적인 요청을 넘어서는 것을 말한다. 왜냐하면 "완전한 행복(지복)의 상태에서 인간의 모든 덕은 보다 더 상위적인 것으로부터 보다 더 하위적인 것으로 흘러넘침에 의해 완성되기 때문이다(『신학대전』, 1-2권, 문3)." 토마스 아퀴나스의 이러한 사유는 참으로 실재론적이다. 그는 궁극적인 목적이 허상이라고 말하지도 않으면서, 또한 이러한 궁극적인 목적이 불가능한 것이라고 말하지 않는다. 현실주의자들은 '완전한 사랑'이란 불가능하기에 '허상' 혹은 '환상'이라고 할 것이며, 관념주의자들은 오직 '관념적으로만' 혹은 '이념적으로만' 가능한 것이라고 할 것이다. 하지만 토마스는 이념적인 것을 추구하는 현실 그 자체가 이미 이념적인 것을 실현하는 삶이라고 말하고 있다. 즉 천국으로 가는 길, 그 길이 곧 지상에서 천국을 앞당겨 사는 삶이다.

3

존재론(우주론):
무엇이 존재하는 것인가?

1
존재론적 질문의 출발점들

'진리가 무엇인가?'라고 질문하는 제자에게 파르메니데스의 유명한 말을 인용한 아리스토텔레스의 대답은 잘 알려져 있다. 그 대답은 '있는 것은 있고, 없는 것은 없다고 하는 것'이었다. 이 대답은 단순한 동어반복 같지만 사실 심오한 뜻을 담고 있다. 그것은 사람들 사이의 소통의 열쇠가 되는 우리의 내면의 존재에 대해 말하고 있기 때문이다.

오늘날 사람들이 대화를 할 때 가장 힘겨운 것은 '소통의 부재'라고 한다. '소통의 부재'를 야기하는 이유는 다양하지만, 이러한 소통의 부재를 야기하는 가장 근원적인 출발점은 사실상 '존재하는 것'에 대한 서로 다른 견해에서 비롯된다. 예를 들어 법이나 정의에 대해서 대화하지만 '법' 혹은 '정의'라는 개념도 다르고 또한 그 존재하는 방식도 다르기 때문에 서로 간의 대화가 어긋날 수밖에 없게 된다. 어떤 이들은 '법'이란 만인 앞에서 평등한 것이며, 누구도 법을 있는 그대로 존중해야 한다고 생각하지만, 어떤 사람들은 기득권자들이 마련한 이기적 장치라고 생각하기도 하고 또 어떤 사람들은 대중들이 합의한 어떤 '최소한의 약속'이라고 생각한다. 그러기에 어떤 사람들은 법만이 '정의'를 실현하는 유일한 '방법'이라고 생각하지만, 반대로 어떤 사람들은 '법이란 결코 정의를 실현할 수 없는 것'이라고 생각하기도 한다. 마찬가지로 정의에 있어서도 어떤 이들에게는 정의란 '분배의 정의'를 의미하겠지만, 어떤 이들에게는 '권리의 정의'를 의미하기도 하고 또 어떤 이들은 '정의란 평등을 실현하는 것'이라고 단순하게 생각하기도 한다. 이처럼 '우정', '사랑', '평화' 등 모든 관념적인 존재, 즉 무형의 존재들은 사람들에 따라서 그 존재하는 모습이나 방식이 천차만별이다. 이러한 존재의 다양성은 굳이 관념적인 존재에 국한되는 것이 아니다.

우리가 살고 있는 이 세계나 자연에 관해서도 그 모습은 사람에 따라 천차만별이라는 것은 너무나 상식적인 사실이다. 경험주의적인 사고, 특히 자연과학적인 사고를 가진 사람들은 세계란 '우연의 결과이며 진화의 과정'이라고 생각하겠지만, 헤겔을 좋아하는 사람이라면 세계는 '절대정신'이 자신을

실현해가는 과정이리고 '냉긱갈 섯이다. 생태주의자라면 세
계는 하나의 거대한 생명에 연결된 '유기체적인 것'이라고 생
각하겠지만, 포스트모더니즘의 정신을 가진 이들에게 있어서
'세계란 혼란 그 자체'일 뿐이라고 생각될 수도 있다. 하이젠
베르크가 '불확실성의 원리'를 주장하였을 때, "신은 주사위를
던지지 않는다"고 말한 아인슈타인의 일화는 세계적인 과학자
들 사이에서도 '세계의 모습'은 서로 다르게 보인다는 것을 증
명해 주는 일화이다. 마찬가지로 어떤 사람들에게 있어서는
'신'이나 '저편 세계' 등은 의심할 수 없는 '실재'라고 생각하겠
지만, 이와 반대로 어떤 사람에게는 이러한 것들은 인간의 상
상력이 산출한 '환상'이라고 생각하기도 한다. 그렇기 때문에
'진정 무엇이 존재하는 것인가?' 그리고 '어떻게 존재하는가?'
라는 질문은 가장 다루기 어려운 것이며, 가장 복잡한 논의가
필요한 질문이다. 하지만 이러한 '존재론'에 관한 질문은 다른
모든 인식론 및 윤리학의 출발점이 되는 것이라 피해갈 수가
없는 것이기도 하다.

　'영혼의 존재를 인식할 수 있는가?'라는 질문을 위해서는 우
선적으로 영혼이 존재하는가 하는 질문이 해결되어야 하며,

'공기는 어떻게 인식되는가' 하는 질문에도 우선 '공기는 어떻게 존재하는가' 하는 질문이 선행되어야 할 것이다. 시간과 공간이라는 칸트의 인식조건에도 사실상 '시간이란 무엇이며, 모두에게 동일한 것인가?'라는 질문들이 선결되어야 한다. 나아가 이러한 시간과 공간적인 조건 하에서만 무엇을 인식할 수 있다는 인식론도 인간의 정신이 진정 시간과 공간적인 조건에 얽매여 존재하는지를 먼저 확인해야만 진정으로 수용할 수가 있을 것이다. 아리스토텔레스의 윤리학은 '행복'을 목적으로 하고 있지만, 먼저 '행복'이라는 것이 어떠한 '상태'를 말하는 것이며, 이러한 행복이 진정 존재하는 것인지를 알지 못한다면 이러한 윤리학을 진지하게 수용하기는 어렵다. 즉 '존재하는 것'이 무엇인지 그리고 '존재한다면 어떤 방식으로 존재하는 것인지' 하는 존재론적인 물음들은 ―최소한 논리적으로는― 다른 모든 질문에 선행하는 것임이 분명하다. 만일 실제로 존재하지 않는 것에 대한 탐구나 논의들이라면 이러한 탐구나 논의는 사실상 '허상'을 좇는 일이 될 것이며, 실제로 존재함에도 배제하는 어떤 탐구는 이미 첫 단추가 잘못 끼워진 옷과 같은 것이다.

2
무엇이 진정 존재하는 것인가

합리주의자인 데카르트는 의심의 여지없는 '가장 확실한 존재'를 '사유하는 인간의 정신'이라고 생각하였다. 그의 "*cogito ergo sum*", 즉 "나는 사유한다. 고로 나는 존재한다"라는 명제는 인식대상에 대한 확인이 아닌 인식주체에 대한 확인이다. 모든 것이 환상이나 오류라고 해도 이러한 오류를 범하거나 환상을 인지하는 '인식주체'의 존재를 가정할 때 가능한 일이기 때문에, 이러한 사유하는 인식의 주체는 모든 것에 앞서 존재하는 것이 분명하다. 하지만 이러한 데카르트의 '사유주체'에 대한 확실성은 '반성된 확실성'이며, 인간의 자연적인 인식법칙에 있어서 일차적인 확실성으로 와 닿는 것은 아니다. 인간의 인식구조는 우선적으로 사유하는 자신에게로 향하는 것이 아니라, 자신을 둘러싸고 있는 '외부대상'으로 향하기 때문이다. 가령 아직 철학적인 반성이 충분히 발달하지 않은 어린이들에게 있어서 일차적으로 분명한 것들은 만질 수 있거나, 볼 수 있거나 혹은 들을 수 있는 것들, 즉 오감에 의해 포착되는 것들이지 사유하는 자신의 정신이 아니다. 그것이 무엇인지는 불확실하다고 해도 그것이 존재하고 있다는 사실은 '듣고, 보고, 만지는 것'으로 충분하기 때문이다. 감각적 대상의 확실성에 대한 의심은 결코 '존재함의 지평'에서가 아니다. 누구도 자신이 직접 보고, 듣고, 만지고 있는 것이 진짜 존재하는 것인지 아니면 환상인지를 의심하지는 않는다. 의심은 그것이 진정 '돌인지' 아니면 '금인지' 아니면 '쇳조각'인지 하는 '그것이 무엇인 것', 즉 '그것의 본질'에 대한 것이다. 왜냐하면 "사물들의 본질들은 우리에게 알려져 있지 않기 때문이다(『진리론』, 진리에 관하여, 문4; 『대이교도대전』, 3권, 91장)."

인간의 정상적인 감각적 지각에 의해서 포착되는 것들이 존재한다는 것, 그리고 그것들이 감각에 포착된 그러한 방식으로 존재한다는 것을 인정한다는 것, 이러한 것을 '실재론實在論'이라고 하며, 토마스 아퀴나스 역시 이러한 실재론을 부정하지 않는다. 붉은 것은 붉고, 검은 것은 검고, 둥근 것은 둥글고, 각진 것은 각진 것이라는 것, 그리고 산은 산이며 물은 물이라고 하는 것, 이러한 인간의 오감에 포착된 감각적인 것들이 사실이며 실재라고 인정하는 것이 실재론적 사유의 출발점이다. 사실 이러한 실재론적 사유는 철학자들에 의해서 끊임없이 비판받아 오기도 하였다. 철학사의 초기에 이미 플라톤은 감각적 지각에 의해 포착되는 것은 '참된 것'의 그림자에 지나지 않는다고 생각하였으며, 보다 지성적인 것이 보다 참된 것이라고 생각하였다. 그리고 데카르트는 감각은 우리를 쉽게 속일 수 있는 것이라 생각하여, 확실한 것의 출발점을 '사유하는 자아'의 존재로 보았다. 나아가 칸트는 '물자체物自體는 알 수 없는 것'이라고 선언함으로써 우리가 지각하는 것은 '인간의 조건' 속에서만 그렇게 인지될 뿐 '실재'는 결코 감각에 의해서 포착되는 것은 아니라고 보았다. 이러한 관념론적 사유들은 충분히 의미가 있는 사유들이다. 가령 인간의 감각은 어떤 바윗덩이나 인간의 육체는 빈 곳이 없이 꽉 찬 것이라고 파악하겠지만, 전자현미경으로 들여다보면 모든 물체가 엉성하게 연결되어 있으며 속이 많이 비어 있다는 것을 알게 되며, 또한 하늘에 떠 있는 달이 빛나는 것이라고 알고 있지만 사실은 태양에서 오는 빛을 반사할 뿐 우주에서 보면 달은 전혀 빛을 내지 않음을 알 수 있다. 따라서 인간의 감각이 지각하는 것은 결코 실재가 아니라고 말할 수 있다. 하지만 그렇다고 '실재론적 사유'가 그 자체 오류라고 할 수는 없다. 왜냐하면 모든 존재하는 것은 어떤 특수한 조건 속에서 존재하며, 그것이 인간의 감각적 조건이든 전자현미경의 조건이든 모든 것이 하나의 특수한 조건일 뿐 어떤 조건이 실재를 보다 잘 파악하게 한다고는 말할 수는 없을 것이기 때문이다. 예를 들어 '에르빈 슈뢰딩거'와 같은 과학자는 모든 물리학의 대상은 '추상된 대상'일 뿐 '실재'가 아니라고 하는데, 그 이유는 '실재란 인간이 직접 접촉하는 것'으로 보고 있기 때문이다. 즉 이러한 과학자들에게 있어서 '참된 실재'란 인간이 직접 교감하고 접촉하는 그것이며, 현미경이나 천체 망원경 같은 매개체는 그 자체 인간과 실재들과의 직접적인 접촉을 방해하는 것이라고 보고 있기 때문이다. 마찬가지로 세포나 유전자라는 것은 '실재'가 아니라, 실재의 어떤 일부, 그것도 엄청난 어떤 '왜곡' 즉 '기계장치를 통한 실재와 인간의 거리감'을 전제하는 것이며, 나아가 '세포'나 '유전자'를 관찰하기 위해서는 이미 생명체(실재)로부터의 분리를 의미하는 '죽어 있음'을 전제하기에 결코 '실재'는 아니라고 말하고 있다. 이와 유사한 사유는 '베르그송'이나 '가스통 바슐라르' 같은 과학철학자들에서도 볼 수 있는데, 이들은 하나같이 참된 실재란 인간이 '교감하는 대상' 이라고 보고 있다. 즉 실험실에서 관찰된 나비나 원숭이는 결 코 나비나 원숭이의 참된 실재가 아니며, 그들의 진정한 실재 는 '숲 속'이나 '정글'에서 인간이 감탄하며 바라보는 그 나비와 원숭이라는 것이다. 따라서 실재론이니 관념론이니 하는 것은 무엇을 '참된 것' 혹은 '실재'라고 할 것인가에 대한 각자의 어떤 기준을 말하고 있으며, 보다 나은 것이란 있을 수 없다.

3
존재의 위계

그런데 만일 어떤 사람이 '존재하는 것은 감각에 포착되는 것이 전부'라고 생각한다면 이러한 사유를 '소박한 실재론'이 라고 하며, 토마스 아퀴나스의 사유는 결코 이러한 '소박실재 론'을 수용하지는 않는다. 토마스 아퀴나스에게 있어서 존재하는 것에는 크게 두 가지가 있는데, 우선 감각적인 지각에 포착되는 '질료적인 것'과 오직 지성을 통해서만 알 수 있는 비非질료적인 '정신적인 존재'이다. 질료를 전혀 가지지 않으면서 정신적으로 존재하는 것을 토마스 아퀴나스는 '순수형상'이라고 부르는데, 이들은 사실 '천사들'을 지칭한다. 천사들은 질료적인 육체를 전혀 가지지 않은 순수하게 '정신적인 존재'이며, 질료적 존재와 순수 정신적 존재 사이에 존재하는 것이 '질료적인 육체와 비非질료적인 정신'이 결합된 인간이다. 그래서 그는 "인간의 영혼은 육체적인 존재들과 비육체적인 존재들을 분리시키는 지평이자 한계이다(『대이교도대전』 2권, 68장)"라고 하였다. 물론 대부분의 중세 철학자들은 이러한 '순수형상들'의 존재를 인정하고 있는데, 토마스 아퀴나스는 이러한 순수형상들의 존재를 '존재의 위계'와 '세계의 조화'를 통해서 논증하고 있다. 존재의 위계란 모든 존재는 '존재'라는 측면에서 '보다 존재가 충만한 것'에서 보다 '존재가 빈약한 것'으로 어떤 위계질서를 가지고 있으며, 이러한 사유는 '창조'라는 것이 '존재 자체'로부터 다른 모든 존재자가 '유출되어 나옴(유출설)'이라고 생각하기 때문이다.

창조란, 보편 존재Ente universali로부터 모든 다른 존재가 흘러나오는 것을 뜻한다. … 분출된 모든 것은 보편적인 원인으로부터 발생한다. 이 보편적인 원인이 선神이다. _『신학대전』, 1권, 문45

즉 어떤 것으로부터 무언가 유출되어 나올 때 보다 앞선 것은 보다 뒤에 나오는 것보다 강렬하고 충만하다. 가령 태양빛은 태양으로부터 유출되어 나오면서 빛의 세기나 강도 그리고 그 밀도에 있어서 천차만별이다. 태양의 바로 곁에 있는 빛은 우리의 눈을 멀게 하고 우리의 피부를 불태워 버릴 것이겠지만 태양계의 끝자락에 있는 태양 빛은 사물들을 볼 수 있게도, 온기를 전해주지도 못하는 매우 빈약한 것이다. 이와 유사하게 신으로부터 모든 것이 유출될 때, 그 유출되는 순서에 따라서 가장 가까이 있는 존재는 '순수한 정신', 그다음이 '정신과 육체가 결합된 존재', 그다음이 '감성과 육체', 그다음이 '신경과 육체', 그다음이 '단순한 생명현상' 그다음이 '생명현상이 부재하는 단순한 물질들' 등으로 되어 있다. 즉 이러한 존재들이 현상적으로 다양한 위계를 지니고 있는 것은 존재의 충만과 빈약의 결과로 이해된다. 이러한 존재의 유출과 존재의 다양성에 있어서 만일 '순수한 형상', 즉 '순수 정신적인 존재'들을 가정하지 않는다는 것은 마치 '태양의 바로 곁에는 태양 빛이 존재하지 않는 것'을 가정하는 것처럼 되어 버린다. 즉 '존재의 충만'이라는 법칙 그 자체에 있어서 질료와 정신의 합성인 인간의 실체보다 더 순수하고 더 탁월한, 즉 '존재 그 자체'에 보다 가까이 있는 '순수 정신적인 존재'가 존재하여야만 하는 것이다.

이러한 '유출설流出說'은 사실 플로티노스의 '일자론―者論'에서 주장된 것인데, 어떤 의미로는 아리스토텔레스의 형이상학에까지 그 기원이 거슬러 올라간다고 볼 수 있다. 왜냐하면 아리스토텔레스의 우주의 제일원인은 다른 모든 것이 이로부터 생성되어 나오는 첫 원리이기 때문이다. 인과론적인 사유나 목적론적인 사유에 있어서 인과의 사슬을 거슬러 올라갈 때, '무한히 거슬러 올라가는 것'이 논리적으로 불가능하기에 어느 순간은 멈추어야 할 것이며, 이 최초의 것은 존재하기 위해서 다른 원인을 가지지 않는 그 자체 자신의 존재원인인 것이어야만 한다. 우주의 제일원인, 일자, 신, 창조주라는 말들은 사실 어떤 의미에 있어서 동일한 존재의 다른 이름들이라고 할 수 있다. 물론 이리한 이름들이 지니고 있는 그 의미는 당연히 다른 것일 것이다. 어쨌든 만일 존재의 기원을 추구하기 위해 형이상학적인 사유를 시도한다면 이러한 최초의 존재, 모든 것의 원인이 되는 존재를 긍정하지 않을 수가 없게된다. 만일 그렇지 않다면 존재의 기원에 대해서는 항상 '우연이거나' 혹은 '알 수 없음'이라는 결과뿐일 것이다.

'순수형상'들을 증명하는 다른 하나는 세계의 조화라는 차원이다. 희랍의 철학자들은 세계를 '코스모스', 즉 '우주'라고불렀는데 이는 '조화' 혹은 '균형'을 의미한다. 즉 세계는 아무렇게나 존재하는 것이 아니라 정교하게 조화와 균형을 유지하면서 존재한다는 것이다. 사실 자연이라는 그 자체가 '자연스러운 것'을 의미한다. 자연스럽다는 것은 조화와 균형을 잘유지하고 있어서 어색하거나 불안하지 않다는 것을 의미한다. 따라서 세계가 진정 조화와 균형을 유지하고 있다면, '순수한 질료적 존재—정신과 질료가 합성된 존재— 순수한 정신적인 존재' 이렇게 되어야만 한다. 즉 세계는 순수한 정신적인 존재를 가정할 때 보다 균형을 갖추고 보다 조화로우며 보다 완전하게 된다. 따라서 순수하게 정신적인 존재자들, 즉 천사들은 조화로운 우주라는 그 원리에 의해서 존재할 수밖에 없는 것이다. 물론 이러한 증명들은 과학적으로 검증 가능한 증명이 아니라, 형이상학적인 원리들에 의해서 즉 사유의 필연성에 의한 것이다.

볼 수 없고 만질 수 없는 것들, 즉 순수하게 감각경험의 차원에서 초월된 것이지만 존재하는 것들에는 다만 '순수형상들', 즉 '천사들'만이 있는 것이 아니다. 여기에는 존재의 등급에 따라 다양한 '비질료적인 것들'이 존재한다. 그 첫 번째가 생명의 제일원리로서의 영혼anima이다. "영혼은 생명의 제일원리이다—anima est primum principium vitae(『신학대전』 1권, 문76)." 냉장고가 작동하기 위해서는 냉장고의 원리가 존재해야 하듯이, 생명현상이 작동하기 위해서는 생명현상을 전체적으로 관장하는 생명의 원리를 가정해야만 하는데, 바로 이것이 '영혼'이다. 따라서 토마스 아퀴나스에게 있어서 영혼이란 모든 생명체가 있는 곳에 그들의 생명의 원리로서 존재하는 것이다. 물론 인간의 영혼 이외의 다른 생명체들의 영혼은 그들의 존재 근거가 육체적인 에너지에 의존하기 때문에 육체의 소멸과 동시에 소멸될 것들이지만, 인간의 영혼은 스스로 존재하는 근거를 가지는 것이어서, 즉 육체적인 질료 없이 순수하게 정신적인 존재로서 존재할 수 있는 능력이 있기 때문에 육체의 소멸 이후에도 존재하기를 멈추지 않는다.

여기서 잠시 존재의 근거에 대한 토마스 아퀴나스의 사유를 살펴보면 그는 어떤 것이 존재하는 조건으로서 두 가지의 다른 경우를 제시하고 있는데, 천사나 인간의 영혼처럼 육체적인 실존이 없이도 존재할 수 있는 것과 이 외의 육체적인 실존에 의존하는 존재들의 경우를 들고 있다. 전자에게는 존재할 수 있는 조건이 '형상*forma*'과 '존재 행위(존재현실력, *esse*)'의 합성이며, 후자는 '형상'과 '질료*materia*'의 합성이다. 형상이란 '본질*essentia*'이라고도 불리며 '그것이 무엇인 것*quid*, What'에 해당하는 것이며, '존재 행위*esse*'는 없지 않고 존재를 지속하게 하는 일종의 '정신적인 혹은 형이상학적인 힘'이라고 할 수 있다. 물론 질료와 형상이 결합된 무생물이라고 해도 그것이 존재를 지속하기 위해서는 '*esse*'의 지탱함에 의해서 가능하다. 토마스 아퀴나스의 세계관에서 존재하는 일체의 것은 '존재 행위*esse*'의 바탕 하에서만 존재를 지속할 수 있다. 토마스 아퀴나스가 이러한 '존재행위'를 가정하는 이유는 그 어떤 것도 그것이 무엇인 것, 즉 '본질'만으로는 '존재한다는 속성'이 나오지 않기 때문이다. 다시 말해 그 어떤 본질도 자신의 존재하는 행위의 원인이 될 수가 없기 때문이다. 그리고 모든 존재자가 가지는 이러한 '존재행위*esse*'의 근본적인 원인은 '존재 자체*Ipsum Esse*'로서의 신神의 실존이다. 즉 모든 것은 신의 존재*esse*에 참여함으로써만 혹은 신으로부터 존재를 분유分有함으로써만 가능하다. "신은 모든 존재자 안에 그의 본질을 통해서, 능력을 통해서, 그리고 현존을 통해서 존재하고 있다(『신학대전』1권, 문43)." 일체의 존재하는 것들이 존재를 지속하기 위해서 끊임없이 '신의 실존'으로부터 존재를 분유 받고 있다는 혹은 신의 실존에 참여하고 있다는 이러한 중세의 사유를 '분유론分有論'이라고 한다. 이러한 '분유론'적인 사유는 '일체의 것이 신의 보살핌을 받고 있다'거나 혹은 '모든 존재가 신의 존재를 찬미하고 있다'거나 하는 신비주의의 사유를 가능하게 한다. 그리고 어떤 신비가들은 신을 '대양'에 그리고 자신들의 존재를 대양 속의 '스펀지'에 비유하기도 한다. 즉 신은 모든 곳에 존재하며 또한 이 모든 곳을 무한히 초월하는 그러한 존재로 본 것이다. 아마도 스피노자 식의 범신론의 신과 토마스 아퀴나스의 신의 존재론 적인 차이점은 바로 이러한 '신의 초월성'에 있을 것이다. 왜냐하면 스피노자에게 있어서 신이란 존재하는 것의 '전부'이며, '총체'이기 때문이다.

4
형이상학적 실재들

존재하는 기본 조건이 '질료'가 아니라 '존재행위*esse*'라고 긍정하게 된다면—질료란 존재행위가 물질이라는 차원에서 드러나는 것에 불과하다— 이후 우리는 '질료 없이도' 존재할 수 있는 많은 것을 생각해 볼 수가 있을 것이다. 가령 인간의 정신, 인간의 정신이 가지고 있는 기억이나 추억 그리고 개념들 혹은 내가 떠올리는 어떤 풍경에 대한 '이미지' 나아가 나의 '세계관' 등일 것이다. 인간의 정신은 분명히 존재하고 있지만, 인체의 어디에 존재하고 있는 것일까? 뇌 속에 존재하는 것일까? 아니면 심장이나 유전자 속에 존재하는 것일까? 그렇지 않을 것이다. 아무리 뇌를 분석하고 현미경으로 관찰하여도 나의 정신을 발견할 수는 없을 것이다. 마찬가지로 심장이나 어떤 장기를 분해하여도 그리고 유전자라고 하는 DNA를 분석한다고 해도 나의 정신은 발견되지 않는다. 분명 나의 정신이 존재하고 있건만 존재하는 '장소'가 없다면 우리는 이를 어떻게 이해해야 할까? 토마스 아퀴나스는 '형이상학적인 의미에서 육체가 정신을 포함하고 있는 것이 아니라, 오히려 정신이 육체를 포괄하고 있기 때문'이라고 말하고 있다. 즉 정신이란 존재하기 위해서 '어떤 물리적인 장소'가 필요한 존재가 아니기 때문이다. 정신은 어떤 의미에서 우리의 모든 육체에 존재하면서 이러한 육체를 무한히 초월하면서 존재하고 있다. 내가 나의 벗과 대화를 하면서 나의 벗이 나의 정신에 감화를 받는다면, 이는 나의 정신이 이미 나의 벗에게 역시 존재하고 있는 것과 같다.

그런데 우리는 여기서 하나의 질문을 던질 수 있다. 만일 실제로 존재하는 것의 조건이 '존재행위*esse*'라고 한다면 이러한 비질료적인 정신의 존재가 '실재'라고 하기 위한 '존재행위 *esse*'는 어디에서 기인하는가? 그것은 바로 나의 영혼이다. 나

의 영혼은 나를 전체적으로 규정해주는 나의 실체적인 원리
(유기체적인 원리)이기에 나의 정신(지성)도 사실상 영혼의 능력에
의해서 그 존재esse를 가지게 된다. 토마스 아퀴나스는 "실체적
형상이 존재esse를 순수하게 부여한다. … 실체적 형상의 소멸은 존
재의 소멸을 야기하게 된다(『신학대전』1권, 문76)"라고 말하고 있는
데, 이는 인간의 영혼의 존재esse가 다른 모든 인간의 존재의
근원이 된다는 것이며, 이 근원적인 존재가 상실되면 다른 모
든 존재도 그들의 존재근거를 상실하기에 소멸되는 것이다.
이를 쉽게 표현하면 인간의 영혼은 자신의 존재esse를 존재 자
체, 즉 신의 존재로부터 분유 받으며—혹은 신의 존재에 참여
면서 가지게 되며— 이러한 영혼의 존재에 다른 모든 존재가
참여하면서 그들의 존재를 나누어 가지게 되는 것이다. 마찬
가지로 영혼은 다만 존재만을 나누어주는 것이 아니라, 인간
의 모든 부분에 그들의 고유한 존재방식을 규정해주고 있다.
따라서 인간의 육체가 인간의 육체로서 특정한 성질과 모양
을 가지는 것은 곧 영혼의 원리에 의한 것이다. "영혼은 (질료에
게) 하나의 육체를 부여하며, 동시에 유기체가 되게 하며, 또한 능력
으로서 생명을 부여한다(『신학대전』1권, 문76)." 인간의 영혼은 육체

를 육체적인 것으로, 감성을 감성적인 것으로 나아가 정신을 정신적인 것으로 규정하면서 인간존재 전체의 조화와 유기체성을 보존하게 하는 원리이다. 따라서 인간에게는 유일한 하나의 영혼만이 존재한다. "식물적, 동물적, 그리고 지성적인 영혼은 인간 안에서 하나의 유일하고 동일한 영혼을 형성할 뿐이다 (『신학대전』1권, 문76)."

비록 인간이 유기체라는 그 이유만으로 인간에게는 단일한 하나의 존재*esse*뿐이겠지만, 그럼에도 형이상학적인 의미에 있어서 혹은 논리적인 분석에 있어서 인간의 존재 안에도 다양한 존재의 등급이 있다고 말할 수 있다. 인간의 영혼은 가장 탁월한 존재*esse*를 지니고 있다. 왜냐하면 영혼은 가장 일차적으로 존재 자체로부터 '존재'를 수용하고 있기 때문이다. 그리고 인간의 영혼이 본질적으로 지성적인 영혼이라는 의미에서 지성적인 것(정신적인 것)은 가장 탁월한 존재를 지니고 있다고 해야 할 것이다. 반면 감성적인 것이나 육체적인 것은 그 존재가 이미 수용된 영혼의 존재로부터 자신들의 존재를 수용한다는 의미에서 보다 빈약한 존재를 가지고 있을 수밖에 없다. 즉 인간에게 있어서 존재의 등급은 영혼-지성(이성)-

감성-육체 순으로 위계질서 시워지고 있다고 할 수 있다. 이를 문학적인 비유를 들어 쉽게 설명하자면 인간의 존재란 마치 물이 든 그릇에 떨어진 먹물 방울처럼 가장 중심에 영혼의 존재라는 가장 밀도가 높은 존재가 그리고 가장자리로 확산하면서 정신-감성-육체라는 보다 밀도가 낮은 존재들이 있는 것이다. 하지만 여전히 먹물 방울은 하나의 먹물 방울인 것이다.

존재가 보다 탁월하다는 것은 무엇을 의미할까? 보다 탁월하다는 것은 보다 완전하다는 것이다. 보다 완전하다는 것은 또한 보다 완성도가 높다는 것을 의미한다. 가령 식물은 무생물인 돌과 흙보다 더 완전하다고 할 수 있는데, 그것은 보다 많은 기능, 보다 많은 능력을 가지고 있기 때문이다. 마찬가지로 동물은 식물보다 더 많은 능력과 기능을 지니고 있기에 보다 완성된 것이다. 그리고 인간은 식물과 동물들이 지니고 있는 것보다 더 많은 것을 소유하면서 보다 탁월한 존재이다. 그중에서도 인간의 지성은 존재론적으로 볼 때 세계내世界內의 그 어떤 것보다 탁월하다. 토마스 아퀴나스는 지성적인 존재가 다른 존재들보다 더욱 탁월하다는 것을 다음과 같이 말하고 있다.

> 우주는 지성을 타고난 피조물보다 더욱 완전하다. 그러나 이는 '연장 면에서extensive' 그리고 '확장 면에서diffusive'이다. '밀도 면에서intensive' 그리고 '집중 면에서collective'는 신성한 완전함과 유사하며, 최상의 선을 받아들일 수 있는 지성적인 피조물들이 보다 더 완전한 것이다. _『신학대전』, 1권, 문93

우리는 여기서 '파스칼'의 말을 미리 듣고 있는 것 같다. 연장(크기, 넓이)의 차원에서 보자면 인간은 우주에 비해서 한 점의 먼지에 불과하겠지만, 그러나 인간은 우주를 자신의 사유 속에 담을 수 있기에 우주보다 위대한 것이다. 그뿐만 아니라 그 어느 곳에서도 물리적인 장소에는 두 가지가 동시에 있을 수 없지만, 인간은 사유를 통해서 다양한 것이 정신 안에 동시에 존재할 수 있다. 이처럼 인간은 사유하는 정신을 통해서 세계내의 다른 어떤 존재들보다 탁월하고 보다 충만한 존재를 가지고 있다고 할 수 있다.

마찬가지로 영혼이 존재를 부여하는 것은 정신만이 아니

다 기억이나 추억 그리고 어떤 사물에 대한 이미지나 관념 역시도 그것이 존재를 가지는 한 '존재하는 것'이라고 말할 수 있다. 가령 데카르트는 '관념이란 만일 이를 외적 대상과 결부시키지 않는다면, 모든 관념도 존재하는 것이라고 해야 한다'고 말하고 있는데, 이는 '천사'라는 관념은 실제로 천사가 존재하는가 하는 문제와 연결 짓지만 않는다면 인간의 정신 속에 '관념적으로' 존재하고 있다고 말하고 있다. 그런데 만일 이러한 관념이 '실재'라고 할 수 있는가라고 묻는다면, 경험론자들은 '아니다'라고 말할 것이다. 왜냐하면 이러한 '관념'에 해당하는 실제로 경험할 수 있는 외적 대상이 존재하지 않기 때문이다. 하지만 토마스 아퀴나스는 이러한 관념들이 존재할 수 있도록 '존재'를 부여하는 영혼의 능력을 통해서 인간의 정신 속에 '존재하고 있는' 만큼 여전히 실재라고 말할 것이다. 이경우 이 실재는 '정신적인 실재'라고 해야 할 것이다. 이는 기억이나 추억 그리고 감각적 이미지에 대해서도 마찬가지다. 어떤 사물에 대한 기억은 그 사물이 이미 존재하지 않아도 인간의 내면에 존재하고 있다. 인간의 내면에 존재하는 이 사물에 대한 기억이나 이미지는 영혼으로부터 존재esse를 부여받아서 존재하고 있다. 보다 문학적인 표현을 빌리자면 이러한 존재들은 스스로 독립적으로 존재할 수 없지만 영혼의 존재에 의존하여서 존재할 수가 있다. 만질 수도 없고 볼 수도 없지만, 인간의 내면에 존재하는 이러한 것들을 우리는 '형이상학적인 실재'라고 말할 수 있다. 이러한 형이상학적인 실재에는 보다 고차적이고 개별적인 것들이 있을 수 있다. 가령 자아나 세계관 혹은 미학적 실재 등이 그것이다. '미학적 실재'라는 것은 예술가들이 예술작품을 통해서 실현하는 실재이다. 예술가들은 그들의 작품 속에서 자주 현실에는 존재하지 않는 이상적인 어떤 '인격'이나 '개성'을 창조하곤 한다. 하지만 이러한 작가들이 창조한 보다 이상에 가까운 '개성'이나 '인격'이 다만 허구일 따름일까? 그렇지 않다. 그것이 무엇이든 예술가들이 창조한 것은 현실에 존재하는 어떤 것으로부터 창조한 것이다. 예술가들은 평범한 것에서, 일반인들이 아무것도 아닌 것처럼 생각하는 것에서 '놀라운 것'을 끄집어내고 그것을 '형상화'시킨다. 이는 마치 그를 사랑하는 사람이 그에 대해서 '그 자신'보다 더 많을 것을 통찰하고 현실화시키고 빛나게 하는 것과 같다. 예술가가 형상화한 이 새로운 존재의 형식을 철학자든은 '미학적 실재'라고 부른다. 이러한 미학적인 실재는 어쩌면 '실재 대상' 안에서는 전혀 존재하지 않는 것이거나 '가능성'으로서만 존재하는 것일 수 있다. 하지만 예술가가 이들을 창조한 만큼 예술가의 내면 안에서 '관념적으로' 존재하고 있다. 예술가들의 내면에 존재하는 이러한 미학적인 실재는 예술가의 영혼이 그 존재*esse*를 부여한 전혀 '새로운 실재'이며, 이러한 실재는 예술가의 영혼의 존재에 참여하면서 예술가의 의식 속에 존재하고 있는 것이기에 '실재'라고 말해질 수 있다. 그리고 이러한 실재들은 곧 예술가들의 영혼의 내용을 구성하고, 예술가는 일반인들과는 전혀 다른 자기 세계를 가지게 되는 것이다. 사실 '버클리'가 "내 영혼이 존재하는 곳은 세계내內가 아니다. 오히려 내 영혼 안에 존재하는 것, 이것이 세계이다"라고 말했을 때 우리는 스스로 자기 세계를 창조해가는 토마스 아퀴나스의 영혼의 세계를 말하고 있다고 해도 과언이 아닐 것이다.

이렇게 토마스 아퀴나스의 사상 안에서 존재는 매우 풍요롭고 충만한 것이며, 모든 존재하는 것은 마치 태양빛이 저 멀리 태양계의 끝자락으로 방산되듯이 어떤 정교한 위계질서를 가지면서 '존재 자체'로부터 방산되고 있다. 토마스 아퀴나스가 말하고 있는 세계란 단지 우리가 보고 만지는 이 은하계들과 지구만을 말하는 것이 아니다. 여기에는 인간이 볼 수 없고 만질 수 없는 순수한 정신의 세계, 즉 초월적인 지평의 저편 세계까지를 포함하는 세계이다. 나아가 각 개별 인간이 창조한 자기 세계들을 포함하는 세계이다. 토마스 아퀴나스가 말하고 있는 세계는 참으로 풍요롭고 우리가 상상하는 것보다 훨씬 넓은 세계임이 틀림없다.

4

인식론:
안다는 것은 무엇을 말하는가?

1

인식: 인식한다는 것은 영혼을 성장하게 하는 것이다

'인간이란 무엇인가?'에 대해 답변하는 데는 다양한 방법이 있을 수 있을 것이다. 인간을 고찰하는 일반적인 방법으로는 육체를 해부하는 방법, 신경과 심리구조를 해석하는 방법, 인간이 가진 독특한 행위양식을 해명하는 방법 등 다양하게 있을 수 있다. 그중에서도 철학자라면 인문학적 방법론 그 자체로부터 이 마지막 후자, 즉 인간의 행위에 주목하지 않을 수 없다. 그런데 만일 수많은 인간의 행위 중에서 무엇을 통해서 시작할 것인가 하는 물음에 대해서는 철학자마다 답변이 달라질 수밖에 없을 것이다. 현대철학자라면 아마도 '죽음'이나 '불안' 등과 같은 현대인간의 특수한 현상에 주목할 것이며, 근대철학에 매력을 느끼는 어떤 사람이라면 '주체적'이라는 인간의 자립적인 현상에 주목하지 않을 수 없다. 하지만 토마스 아퀴나스라면 가장 먼저 인간의 '인식과정'에 주목했을 것이다. 왜냐하면 그에게 있어서 '행위는 존재를 따르며', 인간의 가장 본질적인 행위는 '무엇을 알고자 하는 특성'에 있기 때문이다. 그런데 토마스 아퀴나스에게 있어서 '무엇을 안다는 것' 혹은 '이해한다는 것', 이는 단순히 궁금증의 해소를 의미하는 것이 아니라 이를 통해서 가능성의 영혼이 자신을 완성하고 실현해가는 과정이기도 하다. "인간영혼의 완성은 지성을 통한 진리에 대한 앎에서 이루어진다(『대이교도대전』, 4권, 20장)." 바로 이 때문에 인간에 대한 올바른 이해는 인간의 인식과정과 그 결과에 대한 탐구가 우선적으로 요청된다.

인간의 인식에 대한 토마스 아퀴나스의 관점은 —최소한 신적 조명이 요청되는 신비적인 차원이 아니라면— 철저하게 경험론적이다. 그는 모든 인간의 앎은 일차적으로 감각경험에 의해서 이루어진다고 생각했으며, 만일 감각경험을 전제하지 않는 앎이라면 이는 '인간이 아닌 귀신을 통해서 아는 것(『대이교도대전』, 4권, 20장)'이라고까지 말하고 있다. 마찬가지로 매우 단순한 수학적인 원리나, '모든 인간은 죽는다'는 일반명제 역시도 경험을 통해서 알게 되는 것이라고 말하고 있다. 즉 모든 보편적인 앎은 경험을 통해서 획득되는 것이다. "지성은 보편적인 것을 아는 능력이다. 그리고 이는 경험을 통해서 이루어진다

(『신학대전』, 1권, 問76)." 그런데 단순히 경험론을 지지하는 것 같은 이러한 진술에는 이미 매우 의미심장한 한 가지 다른 사실이 포함되어 있다. 인간의 경험이란 그 자체 어떤 '개별자', 어떤 '개별적인 사실'들에 대한 경험을 말한다. 가령 인간은 '이 사람', '저 말', '저 나무'에 대해서 경험할 수 있지만, '인간 일반' 혹은 '보편적인 말'에 대해서 경험할 수는 없기 때문이다. 따라서 인간의 감각경험은 그 자체 인간의 내면에 어떤 보편적인 것을 산출하는 근원이며, 개별적인 경험을 통해서 보편적인 것을 산출한다는 것은 다양한 것에서 어떤 공통되는 것 혹은 일반적인 것을 추출한다는 '추상abstractio의 행위를 전제하고 있다. 여기서 우리는 가장 일차적인 혹은 일반적인 '인간적인 행위'란 감각적인 경험을 통해서 일반적인 혹은 보편적인 진리를 획득하는 앎의 행위라고 할 수 있다. 왜냐하면 신생아가 눈을 뜨면서 보고 듣는 것들을 우리는 감각경험이라고 하기 때문이다.

2

감각상感覺想과 가지상可知想 그리고 개별적인 앎

토마스 아퀴나스의 인식의 과정에 대한 고찰은 참으로 정교하고 놀랍다. 아마도 그의 인식론에 대한 이론들은—이를 인정하든 않든—그 자체 완결성을 지니고 있는 놀라운 사유라고 하지 않을 수 없다. 우선 그는 인간이 무엇을 인식하게 되는 계기에 대해서 설명하고 있는데, 이는 왜 인간은 수많은 사물들 수많은 사실들 중 어떤 것은 인식하고 어떤 것은 인식하지 않는가 하는 이유에 대한 설명이다. 감각적으로 지각한다고 해서 모두 '인식된 것'은 아니다. 현상학자 메를로 퐁티는 "우리가 진정으로 보는 것은 우리가 주의해서 보는 것뿐이다"라고 말하고 있는데, 이는 '인식된 것'이란 감각에 의해 포착된 것이 '정신에 의해서 각인된 것' 혹은 '지적으로 반성된 것'을 의미한다. 이는 사실이다. 하루 중에 수많은 것을 보고 듣지만 이 모든 것이 인식되었다고는 하지 않기 때문이다. 그렇다면 인간이 포착하는 그 수많은 것 중에서 왜 어떤 것은 '인식'이 되고 어떤 것은 인식이 되시 않는 것인가? 왜 수많은 꽃 중에서 어떤 이의 눈에는 '백합'만이 관심의 대상이 되고, 수많은 사람 중에서 '그 여자'만이 관심의 대상이 되는 것일까? 그것은 내가 가진 어떤 내적인 '미각'이 그 대상에게 적합하기 때문이다. 그렇다면 무엇이 나로 하여금 어떤 특정한 대상에 대한 '어떤 맛' 즉 '미적 감각' 혹은 '미적 감정'을 유발하는 것일까?

토마스 아퀴나스는 이러한 것을 '아뻬띠투스appetitus'라고 한다. 토마스 아퀴나스가 사용하는 라틴어의 '아뻬띠투스'는 '맛', '미각', '욕구' 등을 의미하는데, 어떤 특정한 대상에 대해서 '내적인 끌림' 혹은 '내적 욕구'를 유발하는 어떤 것이다. 인간에게는 다양한 존재의 계층이 있으며 각각의 존재의 계층은 각자에게 적합한 어떤 '아뻬띠투스'가 존재한다. '아뻬띠투스'가 대상으로 하는 인식대상 속의 그 무엇을 토마스 아퀴나스는 '스페시에스species' 즉 '상像'이라고 명명하고 있는데, 일반적으로 이러한 '스페시에스'에는 '감각상species sensibilium'과 '가지상species intelligibilis'이 있다. '감각상'이란 말 그대로 '감각되는 형상' 혹은 '감각된 형상'을 의미할 것인데, 『영혼론』에서 그는 "'감각상'이란 감각된 무엇id quod이 아니라 그것을 통해서id quo

감각이 감각하는 것이다"라고 말하고 있다. 가령 보름달을 보고 있는 사람이 "참 밝고 둥글다"라고 말했다면 이는 이미 이전에 '밝은 어떤 것', '둥근 어떤 것'을 이미 보았다는 것을 말한다. 즉 보름달의 '밝고 둥근 모양'을 감각하는데, 그냥 백지 상태에서 감각하는 것이 아니라 이미 나에게 주어져 있는 어떤 '원형' 혹은 '모델'을 통해서 이 보름달을 감각하는 것이다. 바로 이 주어져 있는 모델 혹은 모형이 곧 '감각상'이다. 그렇다면 나에게 있는 이미 주어져 있는 이 원형으로서의 감각상은 어디서 기인된 것인가? 토미즘에서 이 원형으로서의 '감각상'은 플라톤의 상기설에서처럼 결코 생득적인 것은 아니다. 왜냐하면 토미즘에서 태아의 영혼에는 마치 백지처럼 아무것도 쓰여 있지 않기 때문이다. 이 감각상은 결국 우리가 살아가면서 감각행위를 통해서 획득한 것일 수밖에 없다. 바로 이 획득된 어떤 감각적인 이미지를—물론 이러한 감각 이미지는 지성이 참여된 이미지로서 상상으로도 불린다—'판타즈마타 *phantasmata*'라고 하는데, 이것이 곧 '감각적인 상'이다.

이러한 토마스 아퀴나스의 인식론을 '감각상'이 획득되는 과정을 통해서 이해해보자. 최초에 장미꽃을 지각한 한 어린

이는 장미꽃이 가진 감각적인 모든 특성을 아주 세밀하게 관찰하게 될 것이다. 형태나 색깔 그리고 그 향기를 통해서 장미꽃에 대한 하나의 종합적인 이미지感覺像, *species sensibilis*를 산출하게 된다. 그리고 이를 일종의 가능성 중에 있는 '감각적 기억'의 형식으로 자신의 영혼 속에 저장한다. 하지만 이 이미지는 가능성이라는 형태로 남아 있는 것이기에 의지를 통해 다시 상기하거나 새로운 장미꽃을 인지하면서 떠올리지 않는 한 현실적인 장미꽃의 이미지라고는 볼 수 없다. 하지만 이 어린이가 어떤 새로운 장미꽃을 지각하자마자, 이전에 행했던 세밀한 관찰 없이도 단번에 장미꽃에 대한 감각적 이미지(심상, 감각상)를 떠올리게 될 것이며, 이러한 이미지는 새롭게 관찰된 것과 더불어 보다 세밀하게 보다 완전한 감각이미지가 된다. 이렇게 하여 감각적인 인식은 보다 짧은 시간에 보다 많은 인식이 이루어질 것이며, 또한 보다 완전한 인식을 이루게 되는 것이다. 이렇게 기억된 '보다 완전한 장미꽃의 이미지'는 사실상 현실 안에서는 볼 수 없는 장미꽃의 이미지, 이상적인 이미지*phantasmata*이다. 그리고 다른 어떤 장미꽃을 볼 때마다 이것에 비추어 보게 될 것이며 하나의 인식의 척도가 된다. 그러기에 이러한 영혼 속에 저장된 감각상은 현실에서는 볼 수 없는 '창조된 감각상'이라고 말할 수 있다. 즉 인간은 이미 감각적 행위에서부터 어떤 창조적인 행위를 감행하는 것이다. 그래서 프랑스의 한 토미스트인 프랑수아 제니트F. M. Geyunt는 "인간영혼의 실존은 그의 창조성으로부터 드러나는 것이다"라고 하였다.

따라서 토미즘에 있어서 감각적 인식의 능력은 사람에 따라서 다를 것이다. 그가 미술가라면 색이나 형, 빛의 조화에 보다 섬세하고 엄밀한 감각적 인식능력을 가지고 있을 것이며, 만일 그가 음악가라면 소리의 음색이나 화음 등에 보다 탁월한 감각적 인식능력을 가지고 있을 것이다. 마찬가지로 같은 미술가라 할지라도 사람에 따라서 그들의 감각적인 인식능력은 다를 수 있다. 흔히 '마티스는 색色의 화가요, 피카소는 형形의 화가'라고 하는데 이는 이러한 각기 다른 감각적 인식능력의 예라고 할 수 있다. 그러기에 비록 감각적인 인식이 모두에게 공통되는 보편적인 것을 지니고 있다고 할지라도, 개인이 지니고 있는 '감각상'은 항상 '개별적인 감각상'이다. 이러한 의미에서 "우리가 보는 것은 우리가 주의 깊게 바라보는 것뿐이디"라고 한 네믈로 쏭티의 말은 사실 과장이 아니다. 만일 내가 아름다운 꽃을 보고 있다 하더라도 전혀 주의를 기울이지 않는다면, 나는 그 꽃에 대한 '감각상'을 산출하지 못할 것이며, 이는 다음에 내가 다른 꽃을 관찰하는 데 전혀 도움을 주지 못할 것이기 때문이다. 비록 인간의 감성적인 능력이 자연발생적인 진보로서 이루어지고 있다고 할지라도 시인이나 화가 그리고 음악가가 자연발생적인 성장을 통해서 가능한 것이 아닌 만큼 감각적 인식이나 느끼는 것 역시도 어떤 훈련과 교육을 통한 '성장과 진보'가 요청된다.

이러한 원리는 '지성적인 인식'에 있어서도 마찬가지다. 우리가 어떤 것에 대한 개념을 가진다는 것은 개별적인 것으로부터의 추상행위를 통해서 보편적인 것을 획득한다는 것을 의미하며, 이러한 추상을 통한 '가지상'의 획득을 통해서 이루어진다. 그리고 이러한 가지상은 보다 이해가 깊어질수록 보다 '완전한 것'이 된다. 이러한 토미즘의 '감각상'과 '가지상'에 대한 이해는 결국 모든 인간이 지닌 최종적인 앎이란 결국 '개별적인 앎'인 것을 말해주고 있으며, 학문이라는 것을 통해서 '보편적인 앎'이 이루어지는 것은 이 '개별적인 앎'의 내부에 존재하는 '공통적인 것' 혹은 '일반적인 것'을 통해서 이루어지고 있음을 말하고 있다. 그래서 토마스 아퀴나스는 "개인이란 인간과 그의 본성이 동일한 것이 아니기 때문에, 그의 인간본성이 소유하고 있지 않는 어떤 것을 소유한다(『신학대전』, 1권, 문30, a. 3)"라고 말하고 있다. 이러한 한 개별자의 개별적인 앎에 대한 이해는 '자아완성'이라는 교육의 이념에 형이상학적인 근거를 제공하고 있다. 에티엔 질송E. Gilson은 『토미즘Le Thomisme』에서 "너인 것이 되라! 이것이 최상의 법이다"라고 말하고 있고, 루이 라벨Louis Lavelle은 『성인들의 세계Le monde des Saints』에서 "성인聖人이란 자신의 자아를 최후까지 실현한 사람이다"라고 말하고 있다. 이러한 자아의 실현을 외면한 획일적이고 주입식의 교육 그리고 오직 지적인 평가를 의미하는 경쟁교육은 어떤 영혼들에게 있어서는 '영혼의 죽음을 부르는 교육'이라고 말할 수밖에 없을 것이다.

3
보편적인 앎과 세계관의 창출

토마스 아퀴나스는 지성은 진리眞理를 지향하고 의지는 선善을 지향한다고 말하고 있다. 그런데 '진리'란 무엇을 말하는가? 진리에 대한 토마스 아퀴나스의 진술은 단순하지가 않다. 그는 진리에 대해서 여러 곳에서 여러 가지 차원에서 말하고 있는데, 만일 우리가 이러한 논의들의 핵심을 한 문장으로 요약하자면, '진리란 지성이 파악한 것이 참된 것일 때, 진리라고 한다'고 말할 수 있다. 그렇다면 참된 것이란 무엇인가? 아마도 우리가 앎의 다양한 차원 혹은 등급에 대해서 말할 수 있다면 바로 이 '참되다'는 것의 '다양한 의미'에 관해서일 것이다. 토마스 아퀴나스는 참되다는 것을 크게 두 가지로 나누어 설명하고 있다.

하나의 진술이 참되다고 하는 것은 그들에게서 신성한 지성이 질서 지워 놓은 것을 실현하기 때문에만은 아니다. '그것이 무엇인 것'에 대한 지성의 적합성을 의미하는 '지성의 진리'에 따라 그 자신에게 고유한 방식을 역시 참되다고 말한다. _『신학대전』 1권, 문 16

여기서 참되다는 것은 두 가지이다. 하나는 '신성한 지성이 질서 지워 놓은 것을 실현하는 것'이며 다른 하나는 '그것이 무엇인 것에 대한 지성의 적합성'을 말하고 있다. 우선 '그것이 무엇인 것에 대한 적합성'이 무엇을 의미하는 것인지 알아보자. 예를 들어보자. 우리가 어떤 사람을 알고 있다고 말할 때, 이는 다양한 의미로 이해될 수 있다. 그가 남자인 것과 그의 키가 크며 미남이라는 사실을 아는 것도 그에 대해 아는 것이다. 그리고 그가 음악에 소질이 있는 생물선생이라는 것을 아는 것도 그에 대해 아는 것이다. 나아가 그는 진보적인 정치성향을 가진 크리스천이라는 것을 아는 것은 보다 깊이 그를 아는 것이다. 하지만 그가 정이 많고, 고흐의 그림을 좋아하며, 자기 이웃들에 대한 깊은 연민을 가지고 있으며, 또한 자주 고독하게 산책을 하면서 불의한 세상을 걱정하고 자신의 삶을 반성하는 의로운 사람이라는 것을 아는 것은 보다 내밀하게 그를 아는 것이다. 이처럼 이러한 모든 앎이 그에 대해서 아는 것이며, 이러한 앎이 '그가 무엇인 것'에 일치한다는 한에서 참된 것이다. 하지만 만일 어떤 사람이 그가 '음악에 소질이 있다는 것'만을 보고서 그가 음악선생이라거나, 혹은 '그가 자주 혼자 고독하게 지낸다는 사실'을 근거로 그를 '이기적인 사람'이라고 판단하게 된다면 이는 그를 잘못 알고 있는 것이며, '그가 무엇인 것'에 적합하지 않은 것이다. 이는 엄밀한 의미에서 '그에 대한 앎'이 아닌 것이며 참되지 않은 것이다. 즉 모든 앎이란 어떤 의미에서 '참된 것'을 아는 것이다.

그런데 참되다고 해서 모두가 동일한 앎은 아니다. 그의 키가 큰 것을 아는 것은 외적인 사실들이며 피상적인 앎이다. 그리고 그가 어떤 가치관을 가지고 있는지 그의 개인적인 삶의 형식은 어떤 것들인지 하는 것을 아는 것은 매우 내적인 어떤 앎이다. 보다 그의 내적이고 정신적인 것에 대한 앎은 그를 보다 깊이 아는 것이며, 그런 한 '피상적인 앎'보다 참된 앎이라고 할 수 있다. 참되다는 것이 우리가 알고 있는 것과 그의 '진면목'이 일치하는 것을 의미하는 것이라면, 우리의 앎이 이 '진면목'에 보다 가까이 접근할수록 보다 참되다고 말할 수 있게 된다. 따라서 보다 진면목에 가까이 갈수록 보다 탁월한 앎 혹은 보다 상위적인이라고 할 수 있는 것이다. 왜냐하면 "어떤 것을 일반적으로 안다는 것은 이 어떤 것을 매우 불완전하게 알고 있다는 것(『대이교도대전』, 3권, 38장)"을 의미하기 때문이다. 키가 크다거나, 그가 어떤 직업을 가졌다는 것은 누구나 알고 있는 일반적인 앎이다. 하지만 그가 어떤 고민을 하고 있는지, 그가 어떤 가치관을 가지고 있는지 하는 것은 매우 내밀한 것이고 개별적인 앎이다. 그러기에 토마스 아퀴나스에게 있어서 어떤 것에 대한 최후의 앎은 항상 개별적인 앎이다. 그래서 우리는 '한 어린이에 대한 아동심리학자의 앎이 아무리 섬세하다고 할지라도, 그 아이의 어머니가 가지고 있는 아이에 대한 앎에 비할 바가 못 된다'고 말할 수 있으며, 바로 이러한 이유로 '인간의 앎'이란 본질적으로 다양한 등급을 가진 앎이라고 할 수가 있다.

이제 참되다는 것이 '신성한 지성이 질서 지워 놓은 것을 실현하는 것'이라는 의미에 대해서 생각해 보자. '신성한 지성이 질서 지워 놓은 것'이란 무엇을 의미하는가? 이는 애초에 신이 세상을 창조할 때 창조의 동인이 된 원리principium들이라고 할 수 있다. 이러한 원리들을 토마스 아퀴나스는 '법*lex*'이라고 지칭하고 있는데, 여기엔 '영원법*lex aeterna*'과 '자연법*lex natura*'이 있다. 사실상 자연법도 영원법에 참여하면서 그 존재를 가질 수 있으니 엄밀한 의미에서는 영원법만이 '신성한 지성이 질서 지워 놓은 것'이라고 할 수 있다. 하지만 자연법은 인간이 '인정법*lex humanae*, 人定法'을 만들 때 일종의 척도가 되는 것이기에 '신성한 지성이 질서 지워 놓은 것'이라고 말할 수 있다. 그런데 신성한 지성이 질서 지워 놓은 것을 '실현한다는 것'은 무엇을 의미하는 것일까? 이미 만들어 놓은 '영원법'과 '자연법'을 실현한다는 것은 모순된 것이 아닌가? 그렇지 않다. 예를 들어보자. 교통법이나 냉장고를 만드는 원리(법)가 존재하는 이유는 교통법규를 지켜 올바른 교통문화를 형성하고, 냉장고를 만들어 삶을 윤택하게 한다는 것에 있다. 만일 교통문화가 전혀 형성되지 않거나 냉장고를 전혀 생산하지 않는다면 교통법이나 냉장고의 원리는 사실 없는 것이나 마찬가지다. 이처럼 어떤 법이 존재한다는 것은 이 법에 따라서 무엇인가를 실현하기 위한 것이다.

그렇다면 '영원법'이나 '자연법'을 실현한다는 것은 무엇을 말하는 것인가? 크게 보아서 이에 대한 대답은 '신의 창조사업에 동참하는 일체의 것'이라고 할 수 있다. 가령 결혼을 하고 자녀를 출산하는 것, 그리고 자연 환경을 잘 보전하는 것 등은 어떤 의미에서 모두 '창조사업에 동참하는 일'이다. 그리고 그 중에서 인간의 경우에는 '진리를 추구하는 일'이 바로 '창조사업에 동참하는 일'이다. 어떻게 진리를 추구하는 것이 '창조사업에 동참하는 것', 즉 '어떤 것을 실현하는 일'인가? 여기에 토미즘 특유의 '앎은 곧 창조'라는 독특한 관점이 있다. 이미 감각적인 인식과정에서 '감각상'을 산출하는 과정이 곧 '창조적인 일'이라고 말한 바 있듯이, 지성의 행위를 통해서 '가지상'을 산출하는 것도 사실 '창조적인 것'이다. 가령 한 철학자가 '세계관'을 형성할 때, 이 세계관은 어떤 질서, 정묘한 '체계'를 말하는 것이며, 이를 통해서 다양한 세계의 현상들이 의미와 질서를 가지게 되는 것이다. 그런데 왜 존재하는 세계는 하나 뿐인데 다양한 철학자들의 서로 다른 세계관이 존재하는 것일까? 그것은 사실상 세계가 그 자체는 결코 질서 정연한 것, 통일된 것으로 나타나지 않기 때문이다.

　'세계 그 자체'에 관한 토마스 아퀴나스의 사유는 희랍의 철학자들의 사유보다는 ~~차리리 부조티~~ 철학자들의 사유에 가깝다고 할 수 있는데, 그는 이 세계는 결코 그 자체에 있어서 통일성으로 존재하는 것이 아니기 때문이다.

> 우리의 지성은 어떤 것을 여러 사물들의 다양성으로부터 존재하며 이 다양성 안에 존재하는 '단일한 것 또는 통일체'의 관계 안에서 이해한다. 그러나 이러한 '단일체'는 실재(대상) 안에서 자립하는 것으로는 발견될 수 없다. _『진리론』, 정신에 관하여, 8장

희랍의 철학자들은 이 세계를 '코스모스', 즉 '질서'나 '조화'로 보았다. 하지만 토마스 아퀴나스는 세계가 '질서'나 '조화'로 보이는 것은 '세계 그 자체'가 질서나 조화인 것이 아니라, 인간이 지성적인 노력을 통해서 혼돈과도 같은 세계에서 어떤 '법칙'이나 '체계'를 형성해 내기 때문이라고 한다. 즉 토미즘에 의하면 세계 그 자체는 다양성으로 나타나며, 이러한 다양성에서 철학자들은 자신의 사유나 관점에 적합한 하나의 통일체를 산출해 내는 것이다. 그래서 토미스트들의 눈에 철학자란 세계라는 바다에서 '세계관'을 낚아 올리는 '강태공'과

토마스 아퀴나스의 4가지 법의 개념

영원법(永遠法, lex aeterna): 세계창조의 원리가 되는 법으로서 이후 모든 법의 근거가 되는 법이다. 즉 세계가 변화, 진보, 완성으로 나아간다는 한에서 세계의 모든 변화의 원리나 척도가 되는 원리이다. 세계의 시작과 마침에 항구하게 그리고 세계의 모든 현상에 적용되는 어떤 형이상학적인 원리라는 측면에서 이를 영원법이라고 명명하는 것이다.

자연법(自然法, lex natura): 영원법으로부터 발생한 것으로서 자연의 모든 현상을 관장하는 원리이다. 자연적으로 주어진 원리, 생득적으로 혹은 본성적으로 주어진 모든 원리가 곧 자연법이다. 따라서 중력의 법칙, 시공간의 법칙, 전자의 법칙 등이 모두 자연법이다. 이 자연법에는 선천적으로 주어진 인간의 능력도 포함되는데, 이성의 법칙이나 양심의 법칙 등도 일종의 자연법에 속한다.

인정법(人定法, lex humanae): 자연적으로 주어진 것이 아니라, 인간이 만든 일체의 법칙을 '인정법'이라고 한다. 사회법들 예컨대 민법, 사법, 상법, 교통법 등과 이외 비행의 원리나 냉장고의 원리, 작곡의 원리 등 인간이 만든 것이면 무엇이든 '인정법'이라고 할 수 있다.

신법(神法, lex divinae): 신법이란 종교적인 삶에 있어서 판단의 척도나 삶의 원리가 되는 법을 말한다. 토마스 아퀴나스에게 있어서는 신법이란 '구양성경'과 '신약성경'을 말한다. 하지만 만일 이 법이 신에 의해서 주어진 것이란 조건이 없이 다만 종교적인 삶에 있어서 척도가 되는 법이라고 한다면, 불교의 경전이나 도교의 경전 등도 신법에 속한다고 볼 수 있을 것이다.

같은 사람들이다. 다양하고 무실서한 것 같은 세계에서 하나의 정묘한 질서체계를 산출한다는 것은 지성적 노력을 통해서 가능한 일이며, 이는 마치 처음 발견한 어떤 난초에 이름을 붙여주는 것과 같은 것이다. 즉 무질서한 세계에 '세계관'이라는 것을 통해서 '동일성'을 부여해 주는 행위이다. 즉 세계는 인간의 지성적인 눈을 통해서 비로소 하나의 '자기'라고 할 수 있는 이름을 가지게 된다. 이런 의미에서 진리를 추구한다는 것은 곧 세계를 완성하는 일과도 같은 것이다.

4
앎의 제일 원리들: 이성과 양심

토미즘에 있어서 진리를 추구하는 도구는 크게 두 가지다. 하나는 이성ratio이며 다른 하나는 양심synderesi이다. 이성은 논리적인 추론을 통해서 인과관계를 파악하고 추상작업에 봉사하며, 양심은 윤리·도덕적 행위의 판단원리이다. 이 두 제일

원리들은 이후의 모든 판단이나 행위의 제일척도가 되며, 올바르게만 사용한다는 한에서 결코 실수가 없다.

불변하는 이성들은 실천적인 원리들이며, 이 이성들에 의해서는 결코 실수가 있을 수 없다. 사람들은 이성ratio은 마치 '능력 potentia'을 고려하고, 양심synderesi은 습성habitus처럼 고려하고 있다. _『신학대전』, 1권, 문79

토마스 아퀴나스는 지성intellectus과 이성ratio을 구별하고 있는데, 이성이 어떤 것을 논리적이고 합리적으로 추론하는 능력이라면 지성은 이러한 이성의 도움으로 어떤 것을 종합적으로 이해하는 것을 말한다. 그리고 양심은 선천적으로 타고난 능력인데, 구체적인 도덕적 법칙을 이미 알고 있는 것으로서 선천적인 것이 아니라, 선과 악을 구분할 수 있는 원리로서 선천적인 것이다. 이러한 두 가지 능력은 인간으로서의 모든 문화를 형성하는 원리가 된다. 종교적인 영역에서의 신성한 조명에 의해 이해하는 특수한 신비적인 영역이 아니라면 모든 인간의 지식이란 이 두 최초의 원리에 의해서 형성된 것이라고 할 수 있다. 이러한 두 최초의 원리를 통해서 올바르게만 사유한다면 인간은 결코 오류에 빠지지 않는다. 그러기에 토마스 아퀴나스는 유비적인 의미에서 모든 진리가 이미 신에 의해서 '주어져 있다'고 말하고 있는데, 그것은 이 두 도구를 사용하여 그 어떤 진리라도 알 수 있다는 것을 의미한다. "진리에 대한 모든 앎은 우리에게 앎의 제일원리들을 부여한 신에 의해서 주어졌다고 말한다(『진리론』, 2권, 능력에 관하여, 문17)." 이러한 토마스 아퀴나스의 사유는 인간의 사유에 대한 신뢰를 말한다고 할 수 있다. 물론 이러한 사유에는 반박의 여지가 많을 것이다. 과연 이성이 모든 인간현상에 대해 올바르게만 사유하면 모든 것을 알 수가 있을까? 나아가 양심적으로 판단을 하기만 한다면 모든 윤리·도덕적인 문제에 있어서 진리를 판단할 수 있는 것일까? 분명 그렇지는 않을 것이다. 가령 인간은 인간 그 자신에 대해서 모든 것을 알 수는 없으며, DNA나 양자역학 같은 새로운 과학적인 발견들에 대해서 이성적인 사유만으로 모든 것을 이해할 수가 없다. 그뿐만 아니라 복잡한 현대사회에서 발생하는 모든 '상황의 윤리들', '낙태의 문제'나 '안락사의 문제' 그리고 '유전자 복제' 등에 관하여 인간이 이성적으로 사유만 한다고 항상 진리를 파악할 수 있는 것은 아니다. 하지만 토마스 아퀴나스는 인간의 지성은 이러한 모든 문제에 대해서 사유할 수 있고 그리고 이성과 양심의 지속적인 노력만 있다면 반드시 올바른 진리로 나아갈 수 있을 것이라는 인간성에 대한 확신을 가지고 있었다. 물론 현대의 사상가들이라면 이러한 토미즘을 '이성중심주의'라고 비판할 수도 있을 것이며, 또한 양심에 대한 지나친 '낙관주의'라고 비판할 수도 있을 것이다. 하지만 만일 이성과 양심이 인간이 신으로부터 부여받은 앎의 도구라고 인정한다면 이를 부정한다는 것도 힘든 일이다. 집을 지으라고 목수가 제자에게 연장을 주었다면, 이 연장은 집을 짓는 데 부족함이 없어야 할 것이기 때문이다. 즉 토마스 아퀴나스가 '모든 앎이 앎의 원리를 부여한 신에 의해 주어졌다'고 진술하는 것은 모든 앎을 알 수 있는 최초의 앎의 원리가 주어졌다는 것을 의미한다. 인간은 어떤 상황에 봉착하든지 자신이 부여받은 최초의 앎의 원리인 '이성과 양심'을 통해서 진지하게 고민하고 숙고하는 한 진리를 파악할 수 있을 것이라는 것이 토마스 아퀴나스의 확신이었다.

토마스 아퀴나스는 그의 『신리론』[1] 하위 이성ratione inferiori과 상위 이성ratione superiori 편에서 어떻게 인간이 인간 이상의 것을 알 수 있는지에 대해서 논하고 있다. 그에게 있어서 '하위 이성'이란 불변하지 않는 것들에 관여하는 이성인데, 일반적으로 인간적인 삶의 부분들과 다른 여타의 물리적인 혹은 생물학적인 현상들을 이해하는 이성이다. 그리고 '상위 이성'이란 불변하는 것, 즉 인간적인 것 이상─예를 들어, 사후의 삶에 관한 것이나, 천사들의 존재 혹은 천상적인 삶, 지복 등에 관한 앎들─의 주제들에 대해 이해하는 이성이다. 이처럼 인간에게는 세계의 모든 것에 대해 이해할 수 있는 이성이라는 이해의 원리가 주어져 있다. 토마스 아퀴나스가 인간의 이성이 인간적인 것 이상에 대해서 알 수 있다고 생각하는 근거는 그의 '유기적인 유주론'에 근거한다. 그는 "하나의 하위적인 본성은 자신에게 가장 상승된 부분을 통해서 상위적인 본성의 가장 하위적인 부분과의 접촉에 들어간다(『진리론』, q.15, 「상위이성과 하위이성에 관하여」)"라고 진술하고 있으며, 상승된 영혼은 '육체적 질료를 가지지 않고 절대적인 방식으로 존재하는 실체들(천사들)'에 대한 앎을 가질 수 있다고까지 진술하고 있다. 즉 인간은 자신이 타고난 이성의 원리를 통해서 이 경험적인 세계뿐 아니라, 초월적인 세계에 대해서도 알 수가 있는 것이다.

이러한 인간의 지성에 대한 사유는 분명 현대철학자들의 사유에는 거북하고 특히 실증주의적인 정신을 가지고 있는 이들에게는 거부반응을 불러일으킬 것이 분명하다. 하지만 세상을 보는 눈이 눈 그 자신은 볼 수 없듯이 인간존재의 한 부분인 인간의 지성은 결코 인간과 세계의 신비에 대해서 모두 파악할 수가 없다. 마찬가지로 근대철학자들의 사유가 그리고 현대철학자들의 과학적 사유가 아무리 논리적이고 합리적이라고 할지라도 이러한 논리성과 합리성만으로는 인간존재의 신비를 모두 파악할 수는 없는 것이다. 따라서 우리는 인간의 이성에 대한 토마스 아퀴나스의 사유를 중세철학자들이 인간존재를 바라보는 한 관점으로 이해해야 할 것이며, 또한 오늘날 인간성의 위기를 보완해줄 긍정적인 사고로 바라볼 수 있어야 할 것이다.

5
수동지성과 능동지성 그리고 추상작용

토마스 아퀴나스는 학문의 발전이란 '보편적인 원리들을 통해서 개별적인 것을 구분하는 것'이라고 말하고 있는데, 여기서 '보편적인 원리들'이란 추상작용을 통해 획득한 개념들을 말하고 있다. 왜냐하면 그에게 있어서 진리판단의 근거가 되는 것은 개념들이기 때문이다. 그런데 인간이 어떤 것에 대한 개념을 가진다는 것은 무엇을 말하는가? 토마스 아퀴나스에게 '개념conceptio'이란 어떤 대상이 가진 '본질' 즉 '그것이 무엇인 것quod'을 의미한다. 이는 영어에서 'what is this?'라고 물을 때 'what'에 대응하는 그 무엇을 말한다. 그리고 '관념cognitio'이란 한 개인이 어떤 것에 대해서 가지는 '총체적인 이미지'라고 할 수 있다. 전자는 '유적類的인 본질'에 해당하는 것이라고 한다면 후자는 '개별적인 본질'에 해당하는 것이라고 할 수 있다. 개념이 모든 것에 대해서 주어질 수 있는 것이라면 관념은 하나의 실체에 대해서 주어지는 것이다. 즉 나는 나의 '눈'

이나 '팔' 그리고 '두뇌' 등에 대한 개념을 가질 수가 있으며, 또한 나의 '인간성'이나 '개성' 등에 대한 개념을 가질 수가 있다. 하지만 나는 '어떤 사람'에 대한 관념을 가지는 것이지 '그의 눈'이나 '그의 팔'에 대한 관념을 가지는 것이 아니다. 관념은 본질적으로 어떤 하나의 실체에 대한 총체적인 이미지를 가지는 것이기 때문이다. 따라서 개념이란 '보편적인 앎'이며, 관념은 '개별적인 앎'이라고 할 수 있다. 즉 '다양한 개념들'을 통해서 하나의 '관념'을 가지는 것이 일반적인 앎의 법칙이다. 따라서 토미즘에 있어서 앎의 진보란 새로운 개념들을 산출하여 새로운 관념을 가지게 되는 것이라고 할 수 있으며, 이는 곧 보편적인 앎들을 통해서 개별적인 이해를 가지는 것이다. 그래서 토마스 아퀴나스는 "지성은 보편적인 것을 아는 능력이다. 그리고 이는 경험을 통해서 이루어진다(『신학대전』, 1권, 문76)"라고 하는가 하면 또한 "지성은 개별자에 대한 어떤 (지성적인) 앎을 가지는 것이다(『진리론』, 「진리에 관하여」, 문10)"라고 하기도 한다.

그렇다면 최종적인 앎의 기초가 되는 이 보편적인 개념들은 어떻게 산출되는 것일까? 그것이 바로 추상작용이다. '추상 abstractio'이란 어떤 것으로부터 무엇을 '추출'하는 것을 말한다.

즉 추상작용이란 질료적인 대상 혹은 감각적인 대상으로부터 비질료적인 그 무엇을 추출해 내는 행위이다.

여러 사물들의 형상들과 완성들이 규정되어진 것으로 발견되는 것은 질료를 통해서이다. 따라서 어떤 것이 '알 만한 것으로' 발견되는 것은 이 질료로부터 분리된다는 한에서이다. … 과연 어떤 것을 아는(이해하는) 지성 안에 어떤 비질료적인 것의 수용recipi aliquid immaterialier이 이루어진다는 것은 분명한 사실이다. _『진리론』,「신성한 학문에 관하여」, 문2

순수하게 물질적인 대상(감각적인 대상)으로부터 보편적인 앎을 의미하는 '개념'이 산출되기까지의 과정에 대한 토마스 아퀴나스의 이해는 상당히 섬세하고 복잡하다. 이를 단순화하면 다음과 같다. 원리적으로 볼 때 지성적인 인식이 이루어지기 위해서 몇 가지 단계를 거쳐야 한다. 첫째는 어떤 대상으로부터 이미지phantasmata를 산출하는 기능인데, 이 이미지는 본질적으로 감각적이기는 하지만 '인식'인 한 지성적인 것이 개입되는 것으로 '지성적인 이미지'라고도 할 수 있다. 따라서 감각이미지phantasmata를 산출하는 지성적 작용이 필요하다. 둘째 산출된 '이미지'를 '감각적 기억'의 형태로 수용하는 지성적인 기능이 있어야 한다. 그리고 수용된 감각적인 이미지로부터 순수하게 지성적인 '개념conceptio'을 산출하는 작용, 이것이 곧 '추상작용abstractio'이다. 그리고 이 산출된 '개념'을 지성적인 '기억memoria'의 형태로 저장하는 과정이 요청된다. 그리고 어떤 것을 이해하는 다른 과정에서 이 저장된 기억을 다시 불러내는 작용이 또한 필요하다. 감각대상으로부터 이미지나 개념을 산출하는 지성을 '능동지성intellectus agens'이라고 하고, 이미지를 수용하거나 산출된 개념을 수용하는 지성을 '수동지성intellectus passiva'이라고 하는데, 전자는 능동적인 작용을 하며 후자는 수동적인 작용을 하기 때문이다. 그리고 기억의 형태로 개념을 저장하고 있는 지성을 또한 '가능지성intellectus possibilis'이라고도 하는데 그 이유는 이러한 '개념'들은 항상 현실적인 것actus은 아니며, 의지가 유발할 때에만 현실적인 것이 되기 때문이다.

　이 과정에서 감각적인 것으로부터 지성적인 어떤 것을 '분리', '추출'하는 과정을 '추상작용'이라고 한다. 사실 인간정신의

대상들	인식과정과 인식주체	인식결과
기억된 개념	능동작용(상기) 능동지성(intellectus agens)	기억의 현실화 (actus memoriae)
산출된 개념	수용작용(receptio) 수동지성(intellectus passiva)	개념의 기억 (memoria cognitionis)
기억된 이미지	추상작용(abstractio) 능동지성(intellectus agens)	개념(conceptio) 산출
산출된 이미지	수용작용(receptio) 수동지성(intellectus passiva)	이미지의 기억 (memoria phantasmata)
감각적 상들 (species sensibilis)	추상작용(abstractio) 능동(중개)지성 (intellectus agens)	이미지 산출 (phantasmata)

가장 본질적인 작용은 바로 이러한 추상작용일 것인데, 그것은 질료적인 것(감각적인 것)으로부터 순수하게 비질료적인, 즉 '정신적인 것'을 산출하는 과정이기 때문이다. 바로 이 산출된 정신적인 것을 '개념'이라고 하는데, 이러한 개념이 바로 최초의 보편적인 앎이라고 할 수 있다. 모든 학문의 성립근거는 바로 보편적인 앎인 '개념'을 가진다는 것에 있다고 할 수 있다.

'능동지성'과 '수동지성'의 구분은 하나의 지성이 어떤 것을 '추상(추출)'하는 능동적인 작용인가, 혹은 추상된 것을 '수용'하는 수동적인 작용인가 하는 기능상의 구분을 의미한다. 이 과정에서 특이한 점은 토마스 아퀴나스는 '감각적인 상', 즉 '이미지'까지도 지성의 추상적인 작용으로 보고 있다는 점이다. 이는 다시 말해서 우리가 '사과의 이미지' 혹은 '산의 이미지'라고 부르는 것은 사실상 '사과'나 '산'이 가지고 있는 이미지가 아니라, 우리의 감각을 매개로 지성이 '추상한 이미지'라는 점이다.

> '영혼 안에는 비질료적이며 역동적인 능력이 존재하는데, 그 역할은 질료적인 조건으로부터 존재하는 이미지phantasmata 들을 추상하는 것이다. 이 능력은 바로 '중개지성을 통해서ad intellectum agentem'이다. _『진리론』, 「영혼에 관하여」, 문5

즉 토미즘에 있어서 감각적 인식과 지성적 인식은 결코 분리될 수 없으며, 이 둘은 항상 함께 작용하고 있다. 지성과 분리된 순수한 감각적 인식이란 있을 수 없으며, 또한 감각적인 이미지를 전혀 배제한 순수한 지성적인 인식작용도 있을 수가 없다. 이러한 점은 데카르트나 스피노자 등의 근대철학이 이성과 감성을 완전히 독립적으로 분리시킨 것과는 대조적인 것이다.

능동지성이 추상작업을 하는 대상들은 거의 무한하며, 이러한 대상에는 사실 한계가 없다. 하지만 어떤 특수한 대상들에 대해서는 추상작용을 통해서 개념을 산출하기가 불가능한 것도 있다. 예를 들어 감각적인 육체를 가지지 않은 '순수형상'들이나 '신神적 존재'에 대해서는 그것으로부터 분리해 낼 어떤 질료를 가지고 있지 않기에 추상작용 자체가 불가능하다. 그래서 교부敎父들 중에는 지성이 개념을 가지는 것은 '신성한 조명'을 통해서 가능한 것이라고 하기도 하였다. 하지만 이러한 특수한 대상들을 제외한 모든 것에 있어서 지성은 추상작용을 감행한다. 토마스 아퀴나스는 그 스스로 이를 분명히 밝히고 있는데, 『영혼론』에서 다음과 같이 말하고 있다.

어떤 가톨릭 신자들은 능동지성이 '참 빛, 곧 이 세상에 존재하게 되는 모든 인간을 비추는 참 빛lux vera quae illuminat omnem hominem venientem in hunc mundum'인 신神 자신이라고 주장했다. 그러나 신중하게 고려해 본다면, 이러한 입장은 적절해 보이지 않는다. … 가지적인 것들을 수용하는 것이 가능지성의 작용인 것처럼, 그것들을 추상해내는 작용은 능동지성의 적절한 작용 이다. 그렇게 함으로써 (능동지성은) 가지적인 것들을 현실적으로 가지적이게 만들기 때문이다. 그런데 우리는 이 두 작용 모두를 우리 자신 안에서 경험한다. _『영혼론』, 문5, Responsio

물론 이러한 토마스 아퀴나스의 진술이 인간의 모든 앎에 대해서 적용된다고 볼 수는 없을 것이다. 그 역시 신성한 본 질을 보기 위해서는 신적 조명이 요청된다고 진술하고 있다. 그러나 이러한 조명은 신성한 것(신적 본질)에 대해서 국한되며, 그 방식도 조명을 통해서 진리를 직관하는 것이 아니라, 신성 한 영광의 빛이 인간 지성을 자신과 동일한 지성적인 것으로 변화시킨다고 진술하고 있다. "신의 본질을 보기 위해서는 신과 의 유사함similitudo이 보는 능력에 수용되어야만 한다. 지성에게 신을 볼 수 있는 능력을 부여하는 것은 신성한 영광의 빛lumen gloriae이다 (『신학대전』, 1권, 문12)." 인간의 지성은 신의 은총을 통하여 신을

[도표 II] 신학대전(I, q.85, a.1 0)에 나타나는 지성의 추상작용의 국면들

	개별자의 세계에서	추상의 세계에서
진보의 차원	불완전한 학문: 모호하고 확연히 구별되지 않는 앎⟨a.3, con.⟩	지성의 진보는 하나의 보편적인 전체에서 제 부분들을 분명히 구별하는 데서 주어진다.
	시간 혹은 발생의 질서 불완전함, 다양함, 우연적, 진보중인…⟨a.3, ad 1⟩	지성적인 혹은 개념의 질서 가능태와 현실태, 불완전과 완전, 원인과 결과, 존재, 일자 등 ⟨a.3, ad 1-4⟩
본성 혹은 유적인 차원	실재적인 본성(natura)은 개별자 안에서만 존재할 수 있다. 즉 인간성이란 구체적인 개인 안에서만 존재한다. ⟨a.2, ad 2⟩	알려진 대상 = 추상된 지적상 보편적인 개념 (예, 인간성) 이는 절대를 지향한다. (항상 보다 나은 개념이 가능하다)
	개별성의 원리 감각적인 이미지, 속성들(색깔, 모양, 정감 등) ⟨a.1, ad 1⟩	보편성의 원리, 지적상 형이상학적 차원(돌, 말, 사람) 그럼에도 감각이미지와 함께 인식⟨a.1, ad 5⟩
질료의 차원	개별적이고 감각적인 질료들(질적 양적인 차이를 내포하는 질료들)	지성적이고 공통적인 질료적 속성들(수, 차원, 모양 등)
	개별적이고 감각적인 질료들(이 육체, 이 뼈, 저 돌 등) ⟨a.1, ad 2⟩	공통적인 감각 질료들 (육체, 뼈, 돌 등)

※ 본 도표는 본인의 논문 「아우구스티누스와 토마스 아퀴나스에 있어서 인간지성의 구조와 진리의 인식」(『동서철학연구』, 제51호, 한국동서철학회, 2009, 171쪽)에서 인용한 것임.

볼 수 있다고 하는 이러한 진술은 완전히 의외의 진술이겠지만 이는 토마스 아퀴나스 특유의 '유비적인 사고'이다. 고흐의 작품들을 보면서 '고흐가 여기 있다'고 할 수 있는 것은 '고흐의 작품들 안에' 고흐적인 무엇이 있기 때문이다. 이처럼 지성은 신과 유사한 어떤 것을 보면서 신을 보는 것이다.

6
개별적인 지성

모든 인간이 개별자라는 것은 분명하다. 하지만 모든 개인의 정신 혹은 지성이 개별적인 것이라는 것은 어떤 독특한 뉘앙스를 지니고 있다. 토마스 아퀴나스에게 있어서 인간의 영혼은 탄생 시에 이미 개별자로서 존재하겠지만, 이 영혼은 아무런 내용도 지니고 있지 않은 원리로서의 개별자이다. 하지만 인식행위와 더불어 인간의 지성은 감각상들과 지적인 상들species intelligibilium을 그의 내용으로서 소유하게 되고, 내용을 가진 '어떤 것'이 된다. 그러기에 인간의 지성은 엄밀한 의미에서 그 어떤 것도 될 수가 있다. 그가 어떤 이미지들과 가지상可知像들을 수용하는가에 따라서 그의 지성의 내용이 달라지는 것이다. 그래서 본질적으로 인간의 지성은 '가능성' 중의 어떤 것이다. 토마스 아퀴나스는 '수동지성'을 다른 말로 '가능지성intellectus possiblis'이라고도 부르고 있다. "사람들은 가능지성이 개별적인 지적 상들을 수용한다는 의미에서 개별적인 것 singula이 된다고 말한다(『신학대전』, 1권, 문79)." 가능성 중에 있다는 것은 두 가지 의미를 가지고 있다. 하나는 항상 현실적인 것이 아니라, 의지가 유발할 때에만 현실적인 것이 된다는 의미이며, 다른 하나는 무엇이라도 될 수 있다는 의미의 가능성이다. 그런데 토마스 아퀴나스는 능동지성 역시 개별적인 것이라고 말하고 있다. 능동지성이 '개별적인 것'은 어떤 의미를 가지는 것인가? 이 의미를 보다 잘 이해하기 위해서는 '능동지성'을 단순히 기능으로 이해하지 않고 '영혼의 어떤 것aliquid animae'(『신학대전』, 1권, 문79, a. 4)이라는 토마스 아퀴나스의 사고를 이해할 필요가 있다. 왜 능동지성이 단순히 영혼의 어떤 부분이나 어떤 기능이라고 하지 않고 마치 독립된 실재처럼

'어떤 것est aliquid'이라고 하는 것일까? 그 이유는 수동지성과 능동지성의 역할이 확연히 구분되는 것이란 점이며, 또한 수동지성과 능동지성은 각 사람마다 다른 개별적인 지성이 되기intellectus possibilis fieri singula 때문이다. 수동지성이 개별적인 것이라는 것은 쉽게 이해할 수 있다. 왜냐하면 사람들마다 자신이 가진 기억이나 기억들을 통합하고 있는 지성의 내용, 즉 '자아'는 당연히 다를 것이기 때문이다. 하지만 '보편적인 개념'을 추상하는 능동지성이 개별적이라는 것은 모순되는 진술이 아닌가? 그런데 토마스 아퀴나스가 말하고자 하는 것은 능동지성의 기능이 각자에게 있어 다르다거나 혹은 추상행위의 원리 자체가 다르다는 의미가 아니다. 그것은 근본적으로 이러한 능동지성의 능력이 각자에게 차이를 가지고 있다는 것이며, 또한 유일하고 개별적이며 단일한 실체적 영혼으로부터 독립될 수 없는 영혼의 부분이기 때문이다. 토마스 아퀴나스는 능동지성이 보편적인 것을 추상한다고 해서 모두에게 있어서 그 능력habentibus intellectum이 동일한 것은 아니라고 말하며, 또한 이 능동지성이 수에 있어서eadem numero 유일한 하나인 것도 아니라고 말하고 있다(『신학대전』, 1권, 문79, a. 5). 이러한 토마스 아퀴나스의 사유는 '지성은 모두에게 동일하다'고 하는 아랍철학자들을 비판하기 위해서 강조한 것인데, 이는 사실상 '동일하다', '다르다'는 개념의 의미 문제인 것이다.

인간인 한 모두가 추상작용을 하며, 이를 통해서 이미지를 형성하고 개념을 산출하는 동일한 지성을 지니고 있다. 하지만 이러한 지성의 능력은 사람마다 다르다. 즉 그 본질이나 원리에 있어서가 아니라 '능력'에 있어서 다른 것이다. 여기서 능력이란 것은 단순히 수량적인 의미에서의 능력이 아니라 질적인 어떤 것을 포함하고 있다. 즉 어떤 이는 색과 형상에 대한 능력이 뛰어날 수가 있으며, 어떤 이는 소리와 화음에 뛰어난 능력을 보일 수 있으며 또 어떤 이는 수와 양에 대해서 또 어떤 이는 개념에 대해서 뛰어난 능력을 보일 수도 있을 것이다. 마찬가지로 어떤 이는 '추론의 능력'이 뛰어나고 어떤 이는 '상상의 능력'이 뛰어날 수도 있을 것이다. 이렇게 본다면 우리는 '철학자와 수학자의 능동지성은 그 능력에 있어서 다르며, 또한 예술가와 일반인의 능동지성도 그 능력에 있어서 다르다고 말할 수 있을 것이다. 나의 지성이 어떤 탁월한 기능을 지니고 있는지를 발견한다는 것은 곧 나를 아는 한 방편이 된다.

인간의 지성이 그 원리에 있어서 동일하나, 능력에 있어서 다르다는 것 그리고 궁극적으로 각각의 지성이 자신만의 개별적인 지성의 내용을 지니고 있기에 또한 유일한 지성이라는 토미즘의 사유는 많은 것을 시사해 주고 있다. 이는 세계에 대한 인간의 이해는 본질적으로 서로 다르고 따라서 다양한 세계관이 존재하는 것은 당연한 사실이라는 점을 함의하고 있다. 그런 의미에서 철학자들이란 각기 다른 자신만의 세계관을 가진 사람들이라고 해야 할 것이다. 데카르트는 동일한 사실에 대한 철학자들의 서로 다른 다양한 견해나 사상을 보면서 기존의 철학자들을 불신하게 되었고, 스스로 가장 확실하고 '명석 판명한 것'만을 진리로 수용할 것이라 생각하면서 자신의 철학을 시작하게 된다. 하지만 이러한 데카르트의 사유는 인간의 지성이 그 자체 개별적인 것이며, 따라서 모든 철학자가 다른 견해, 다른 세계관을 가질 수밖에 없다는 사실을 간과한 것이다. 우리가 '일반인들' 혹은 '신앙인들'이라고 부르는 사람들은 서로 유사한 세계관을 가질 수밖에 없을 것이다. 왜냐하면 그들은 지성적인 노력을 통해서 스스로 세계에 대한 이미지를 산출하는 것이 아니라, 이미 형성된 세계관을 수용하기 때문이다. 하지만 철학자들은 스스로 자신의 지성적인 노력을 통해서 자신 속에 일종의 정신적인 세계를 형성한 사람들이다. 그래서 진정한 철학자라면 자신 속에 이 세계에서 단 하나밖에 없는 세계에 대한 이미지(세계관)를 '정신적인 실재'로 지니고 있는 사람들이다. 그렇기 때문에 비록 비슷한 생각을 가진 사람이라도 어떤 사람의 정신에 완전히 일치한다는 것은 있을 수가 없다. 어떤 하나의 견해에 있어서는 일치할 수는 있겠지만 전체적으로 일치를 이룬다는 것은 있을 수가 없다. 그래서 토미즘에 있어서 진리를 추구하는 데 있어서 그 기준은 오직 진리뿐이다. 그 어떤 인간의 사유라도 전체적으로 일치할 수는 없으며, 항상 다른 관점, 다른 생각, 다른 이해가 있을 수밖에 없다. 그래서 생각의 자유, 사상의 자유는 인간성으로부터 주어진 일종의 천부적인 권리이다. 지역주의나 민족주의가 강한 사회에서는 개인의 사고의 자유를 허락지 않는다. 개인의 사유는 그가 속한 집단이나 단체의 사고에 일치해야 하기 때문이다. 하지만 이러한 삶의 방식에서 철학자는 '진리'를 배신하고 '자신'을 배신할 수밖에 없

[도표 III] 토마스 아퀴나스의 anima intellectiva(지성혼)의 구조에 대한 도표적 분류

이름에 따른 분류	역할에 따른 분류
mens (anima intellectiva): 가장 포괄적인 의미로 다른 모든 지성적 기능을 실행하는 주체가 되는 지성혼 혹은 정신을 의미한다(신학대전, q.79).	
1) intelligentia 지성혼의 내용 혹은 현실태로서 'species intelligiblis(知的相)'의 보존 장소. 기억(memoria)이라고도 함(q.79. a.6).	1) intellectus passiva (수동지성) 지성적인 대상에 대해서 가능성 중에 있는 것으로(est in potentia ad intelligibilem), 사유 혹은 개별이성이라 불린다. 가능성 중에 있다는 의미에서는 가능지성(Intellectus possiblis)이라고 불린다. 보편적인 존재에 대해서 가능적인 것으로 '~가 가해지다'는 형식을 통해 대상을 이해한다(수용한다).
2) intellectus 지성혼의 능력 혹은 기능으로서 '사유' 혹은 '이해'를 의미한다(q.79, a.10).	
intellectus의 2가지 다른 이름들 ① intellectus agentis (중개지성) 대상 속에서 가능성(potentia)으로서 지성적인 것이 이 중개지성을 통해서 현실적인 것(actus)으로 된다(q.84, a.4).	2) intellectus in actu (능동지성) (가능성 중에 있는) 지성적 대상들을 현실성으로 환원하는 기능으로, 지성행위를 시각적 비전(visio)에 비유한다면 능동지성은 이 시각적 비전을 가능하게 하는 빛에 비유할 수 있다. 능동지성은 수동지성(가능성)의 비질료성을 '전제'로 한다(q.79, a.4).
② intellectus possiblis (가능지성) 항상 현실성 중에 있지는 않은 지성, 가령 추상행위를 하는 지성으로 이는 모든 인간에게 있어서 동일하지는 않다. 가능지성은 모든 지성적인 행위에 앞서 가능성으로 있는 것(est in potentia ad omnia intelligibilia)을 말한다(q.79, a.4).	3) intellectus speculativa (사변지성) 진리에 대한 명상(관조)의 능력. 사변지성은 참된 것을 목적으로 하는(지향하는) 능력으로, 자신이 아는 것을 행위하도록 명령하지는 않는다.
	4) intellectus pratica (실천지성) 행위를 이끈다는 의미에서 행위의 능력이다. 실천지성은 참된 것과 선한 것을 목적으로 하는(지향하는) 능력으로, 자신이 아는 것을 행위하도록 명령한다.
3) ratio (이성) 지성의 논리적, 추론적인 움직임(운동)을 의미, 이 운동을 통해 지성이 하나의 앎에서 다른 하나의 앎으로 나아간다. 운동의 성격에 따라서 상위이성 혹은 하위이성이라 불린다(Quaest. dispu., XV, 1).	1) ratione superiori (상위이성) 자신의 본성 혹은 진리를 행위의 모델로서 수용하는 이성적 행위.
	2) ratione inferiori (하위이성) (자신보다) 하위적인 실재들을 사변적으로 고려하거나, 실천적인 차원에서 질서 지우는 이성적 행위.

※ 본 도표는 본인의 논문 「아우구스티누스와 토마스 아퀴나스에 있어서 인간지성의 구조와 진리의 인식」(『동서철학연구』, 제51호, 한국동서철학회, 2009, 175쪽)에서 인용한 것임.

게 된다. '사고의 발전'이란 개별자가 지니고 있는 어떤 '진실'
—그것이 비록 그가 속한 집단이나 단체의 무슨 '당론'이란 것
과 대립된다 하더라도— 을 말할 수 있는 것에서 주어지기 때
문이다.

　물론 토마스 아퀴나스에게 있어서 인간의 모든 앎이 지성
적인 노력을 통해서 이루어지는 것만은 아니다. 이미 말한 바
있듯이 신성한 본질에 대한 이해를 위해서는 신의 은총(영광의
빛)이 요청된다. 그러나 이러한 신의 은총도 아우구스티누스
의 조명설과는 다르다. 조명을 통해서 신성을 통찰하는 것이
아니라, 이러한 신적인 빛이 인간의 지성을 신성한 것과 유사
한 것으로 변화시키기에 신성한 본질을 통찰하는 것이다. 이
러한 사유는 인간의 지성에 대한 토마스 아퀴나스의 신뢰가
보다 크기 때문이라 볼 수 있다.

5

윤리학:
왜 인간은 윤리·도덕적으로
살아야 하는가?

1
선의 위계와 도덕의 목적

소크라테스가 저편 세계에 대해 증언한 이후 플라톤, 플로
티노스 그리고 아우구스티누스 등은 인간의 삶의 궁극적인
목적이 이 지상의 삶에 있는 것이 아님을 끊임없이 역설하였
다. 심지어 아리스토텔레스도 인간의 궁극적인 목적은 불변
하는 진리를 관조하는 데 있다고 하였다. 중세의 그리스도교
에서는 이러한 궁극적인 목적에 대한 추구를 '구원'이라는 말
로 표현하였으며, 중세인들은 이러한 구원을 획득하기 위해
이를 방해하는 것은 그 어떤 좋은 것들도 멀리하여야 한다고
생각하였다. 하지만 인간의 최종적인 목적이 종교적인 '구원'
이나 '신神'적인 존재라 하더라도, 현세적인 삶에서의 '좋은 것'
을 무시할 수는 없는 것이 또한 인간조건이다. 물질적인 소유
나 감각적인 기쁨, 학문을 탐구하는 것이나 벗을 사귀는 일 혹
은 명예를 추구하는 것이나 예술적인 것을 향유하는 것, 나아
가 사회정의를 추구하는 것 등 그 어떤 것도 완전히 무시될 수

없는 것이 인간적인 삶의 조건이다. 어떤 이들에게 있어서는 이들 중 어느 하나가 거의 절대적인 것으로 와 닿을 수도 있다. 자신의 회사가 망했다고 '자살'을 하는 사람들은 그 한 예일 것이다. '구원'이나 '신'을 추구하는 것도 현실적인 삶의 제 조건들의 도움을 받아서 이루어진다는 것은 부정할 수 없는 일이다. 마찬가지로 영성적인 삶(종교적인 삶)을 추구하는 것도 최소한의 학문적인 앎을 통해서 이루어진다는 것은 부정할 수 없는 일이다. 그런데 인간이 현실적인 삶에서 요청되는 이러한 다양한 '좋은 것들bonum, 善'의 관계는 수평적인 것이 아니라 수직적인 것, 즉 등급적인 혹은 위계적인 것이다. 어떤 것은 보다 중요하고 보다 우선적이며, 어떤 것은 부차적이거나 덜 중요하다. 이러한 등급적인 다양한 선들 중 그 어떤 것도 완전히 무시할 수도 없고, 또 그 어떤 하나를 절대적인 선善으로 간주할 수가 없다. 토마스 아퀴나스가 진정한 행복에 대해서 논하면서 이 모든 선 중 어느 것도 '진정한 행복'을 가져다주는 것은 아니라고 말하고 있는 것은 이들 중 어떤 것도 절대적인 선善으로 고려할 수 없다고 하는 것을 의미한다. "인간의 최고 행복은 개별적인 다양한 행복을 통해서 획득되지는 않는다. 최고의 행복은 인간 이성의 것이기 때문이다(『대이교도대전』, 3권, 28장)."

하지만 인간이 이 세상에서 삶을 영위하는 한 이러한 다양한 선은 행복한 삶을 위해서 반드시 필요한 것들이다. 이러한 진실은 죽을 때까지 결코 변치 않는다. 하지만 변화하는 것은 바로 선善들의 '등급' 즉 '우선순위'이다. 어린아이와 어른의 삶이 다르다는 것은 바로 이러한 선들의 등급이 다르다는 것을 의미한다. 사람이 성숙한다는 것 혹은 어른이 된다는 것은 바로 이러한 현실적인 선들의 등급의 우선순위가 바꾸어진다는 것을 말한다. 다양한 선에 어떤 위계질서가 있다는 것, 이는 곧 현대적인 용어로 '가치價値'를 말한다. '가치론'이란 다양한 선 중에서 위계질서를 정하는 것이며, 그 복합적인 관계성 속에서 어떤 '질서'를 부여하는 이론을 말한다. 아이에게는 맛있는 음식이 그리고 학생에게는 성적이 가장 중요한 것이겠지만, 연인에게 있어서는 사랑이 가장 중요할 것이며, 또한 정치가에게 있어서는 '국민의 신뢰나 지지도'가 무엇보다 중요할 것이다. 그리고 어떤 수도자나 성직자에게 있어서는 신의 사랑이 가장 소중할 것이다. 따라서 한 개인은 그가 어떤 위치 어떤 상황에 있는가에 따라서 그가 우선적으로 추구하는 '선 bonum'이 다르게 되며, 상황이 바뀌면 선들의 위계질서가 바뀌게 된다. 즉 인간은 끊임없이 자신이 소유하거나 향유하고 있는 다양한 선의 가치를 규정하고 수정하고 교정해 가는 존재이다.

많은 경우 사람들이 서로 다투는 이유는 서로 간에 있어서 이러한 선들의 위계가, 즉 가치가 다르기 때문에 발생하는 '충돌' 혹은 '마찰' 때문이다. 윤리·도덕적인 삶이 요청되는 것은 바로 이러한 '선의 위계의 다름' 혹은 '가치의 다름'으로 인한 불일치 때문이다. 이러한 가치의 불일치로 인한 마찰과 갈등을 해소하고 보다 인간다운 삶을 영위할 수 있도록 도와주는 학문이 곧 윤리학이다. 문화에 따라서 그 정의나 개념이 조금씩 다르기는 하겠지만 그 어의적語義的 차원에서 '윤리倫理'란 인간이 살아가는 도리 혹은 법칙을 의미하는 것으로 사람들 사이에 지켜야 할 어떤 관습 혹은 법을 말하는 것이며, 그렇기에 윤리는 사람으로서 지켜야 할 의무와 관련되어 있다. 반면 도덕道德이란 '덕의 도리'를 말하는 것으로 의무적인 것이라기보다는 '보다 잘살기 위해서' 요청되는 인간의 '내적인 자질

─온유함, 인내, 자비, 관용, 신중 능─'과 관련되어 있다. 물론 어떤 윤리학자들은 이를 반대로 해석하기도 하고 또 어떤 학자들은 이렇게 분명하게 구분할 필요가 없는 것으로 보기도 한다. 하지만 불어에서는 이러한 구분이 비교적 분명한 편인데 윤리를 '에티크ethique'라고 하고 도덕을 '모랄moral'이라고 한다. '에티크'는 모든 이가 존중하고 지켜야 하는 보다 일반적이고 보편적인 법칙이나 관습을 의미하는 반면 '모랄'은 '항상 보다 나은 것, 보다 좋은 것을 지향하는 정신적인 자세 혹은 성향'을 의미하는 것으로 각자의 상황과 위치에 따라서 달라질 수밖에 없는 보다 개별적인 것이다. 유교적인 문화권의 동양인들은 인간관계를 중시하여 도덕보다는 윤리를 우선적으로 고려한다. 반면 개인의 존재론적인 차원을 보다 중시한 서구인들에게는 '도덕'을 보다 우선적으로 고려한다. 맹자의 오륜五倫은 모두가 '인간관계'와 관련된 것이며, 아리스토텔레스의 '니코마코스 윤리학'은 모두가 개인의 '덕의 향상'에 주안점을 두고 있다.

그런데 사실은 윤리와 도덕은 서로 분리할 수 없는 유기적인 것이다. 나의 내적인 도덕성을 전제하지 않고는 결코 올바른 인간관계를 기대할 수 없기 때문이며, 또한 인간관계를 전제하지 않는 개인의 덕은 무의미하기 때문이다. 하지만 경험적인 관점에서 보자면 사람들은 윤리보다는 도덕에 보다 더 많은 관심을 가지고 있으며, 도덕적인 것을 우선적으로 고려하고 있는 것 같다. 왜냐하면 덕을 전혀 갖추고 있지 않은 사람이라면 진정한 인간관계 자체가 불가능할 것이며, 개인의 내적인 문제가 발생하면 외적인 인간관계는 부차적인 것이 되기 때문이다. 그리고 대다수의 사람들이 유지하고 있는 인간관계라는 것은 개인의 내적인 성향에 좌우되기 때문이다.

아리스토텔레스의 목적론에 기초한 토마스 아퀴나스의 사상에서 사람들이 추구하는 다양한 선善은 그 자체 일종의 목적이면서 동시에 또 다른 선의 중개자가 된다. 가령 고등학생들이 열심히 공부하는 것은 좋은 성적을 받기 위한 것이며, 좋은 성적은 또한 좋은 대학 입학을 목적으로 하고 있다. 마찬가지로 좋은 대학에 입학하는 것은 또한 좋은 직업을 가지는 것을 목적으로 하고 있다. 이처럼 삶이란 목적들의 계열로 이루어져 있다고 볼 수 있다. 하나의 작은 목적은 보다 큰 목적을 위해 존재의미를 가지며, 이보다 큰 목적은 그보다 큰 또 다른 목적을 위해 존재한다. 이처럼 인생이란 '궁극적인 행복'이라는 최종적인 목적을 위해서 다양한 중개적인 목적들의 계열로 이루어져 있다. 그런데 많은 경우에 사람들은 자신들이 추구하는 다양한 선 중에서 보다 나은 것 혹은 보다 가치 있는 것을 추구하기 위해서는 그보다 못한 선을 포기해야만 한다는 것을 체험하곤 한다. 가령 예술작품을 애호하기 위해서는 돈을 포기하지 않으면 안 되며, 수도생활을 하기 위해서는 일반인의 삶을 포기하지 않으면 안 된다. 보다 나은 것을 추구하기 위해 보다 못한 것을 포기해야만 하는 이러한 도덕적인 법칙은 사실상 자연법칙과도 일치하며 마치 자연법칙의 연장과 같다. 토마스 아퀴나스는 이를 다음과 같이 표현하고 있다.

만일 공기가 파괴되지 않는다면 불은 지펴지지 않을 것이다. 만일 당나귀가 죽음을 당하지 않는다면 사자의 목숨이 유지될 수 없을 것이다. 그리고 고통당하는 것이 전혀 없는 '정의'나 박해하는 자의 죄악이 전혀 없고 고통도 없는 '인내'에는 사람들이 찬사를 보내지 않을 것이다. _『신학대전』, 1권, 문48

하나의 보다 큰 목적을 이루기 위해서 중개적인 목적을 희생하여야만 한다는 의미에서 모든 중개적인 목적은 마치 우리가 궁극적으로 원하는 것에 필연적으로 대립하는 것처럼 보인다. '맛있는 음식'은 그 자체 좋은 것이지만, '날씬한 몸매'를 위해서는 절제해야만 하고, 평범한 일상의 삶은 그 자체 좋은 것이나 훌륭한 예술가가 되기 위해서는 이를 포기하지 않으면 안 된다. 따라서 그것이 무엇이건 각자의 삶에서 '선택'이라는 행위는 보다 큰 선을 위하여 보다 작은 선을 포기하는 것을 함의하고 있으며, 여기서 포기해야만 하는 작은 선은 추구하는 선에 대해서 대립하는 것처럼 나타나고 있다. 보다 큰 선을 위해서 작은 선을 포기하는 정신을 불어에서는 'moral'이라고 한다.

사실상 인간이 윤리적인 삶을 추구할 수 있는 것도 'moral'을 지니고 있기 때문이다. 아리스토텔레스는 '동물에게는 자연스러운 것이 인간에게는 추하다'고 말한 바 있는데, 이는 인간이란 본질적으로 '자연적인 것 이상'을 추구하는 존재라는 말이다. 본능적이고 감각적인 것을 넘어서 보다 고상한 것을 추구하고자 하는 정신이 있기 때문이다. 그래서 항상 경제만

을 이야기하거나, 음식이나 옷이나 아파트 같은 물질적인 것
들에만 관심을 가진 사람을 'moral이 없는 사람'이라고 한다.
토마스 아퀴나스에게 있어서 이러한 인간의 'moral'은 인간적
인 것을 넘어서고자 한다. 그에게 있어서 도덕의 끝, 그곳은
곧 영성靈性, le spirituel이다. 도덕적인 지평을 자연적인 것의 연
장이라고 한다면, 영성적인 지평은 자연적인 것과는 대립되
는 것이라고 할 수 있다.

> 만일 우리가 우리의 (자연적인) 욕망의 속성들을 넘어서는 어떤
> 선善과 마주칠 때, 이는 인간의 유적類的인 지평을 넘어서는 것
> 으로, 우리의 한계들을 초월하는 신성한 선bonum divinae이거나,
> 또는 이웃에 대한 사랑이라는 개인의 한계를 넘어서는 그러한
> 선善이다. 이 경우에 의지는 (새로운) 덕을 필요로 한다. _『신학대
> 전』, 1-2권, 문56

자연적인 욕망을 넘어서는 선들, 즉 '신성한 선'이나 '이웃에
대한 사랑'은 인간의 유적類的인 지평을 넘어서는 선이다. 이
러한 토마스 아퀴나스의 진술은 '인간'에 대한 그의 실재론적

사유를 잘 말해주고 있다. 사실 인간이란 무엇인가? 이 세상에 존재하는 인간을 있는 그대로 고찰하자면 인간보다 추악한 것이 없고, 또한 인간보다 위대하고 아름다운 것이 없다. 인간은 마치 악마와도 같고 또 천사와도 같은 존재이다. 그러나 이러한 인간의 모습이 인간의 유적類的인 본질로부터 나온 것은 아니다. '자연 상태'에서의 인간, 전혀 문명을 접하지 않은 순수한 인간이 곧 '유적인 지평'의 인간이다. 아마존의 어떤 원시부족에는 '도둑'이나 '강도' 혹은 '사기' 같은 악행이 전혀 없는데, 그 첫 번째 원인으로 그 부족에게는 '거짓말'이라는 단어 자체가 존재하지 않기 때문이라고 '레비스트로스'는 말하고 있다. 그리고 그는 그렇다고 그들이 천사처럼 살지는 않는다고 하였다. 그들은 그들만의 문화를 가지고 있으며, 여전히 영장류로서의 동물을 넘어서는 어떤 인간적인 삶을 영위하고 있는 것은 사실이지만, 그들에게는 '자유'나 '정의'나 '예술'이나 '종교' 같은 고차적인 문화가 거의 없으며 또한 '희생'이나 '헌신' 혹은 '봉사'나 '이웃사랑' 같은 고차원적인 도덕적인 삶도 없는 것이다. 이렇듯 인간이 악마처럼 보이거나 천사처럼 보이는 것은 모두 개인적인 삶의 차원이라는 것을 말해

주고 있다 즉 원시부족은 개별화된 차원의 삶이 아닌 '유적인 인간의 삶'으로서 살아가고 있는 것이다. 그래서 레비나스 같은 철학자도 '창조의 기적은 도덕적인 존재를 창조한 것에 있다'고 말하였다. 레비나스에게 있어서 '도덕'이란 나를 고려함에 있어서 바로 너를 전제하는 '타자l'autre'에 대한 관심과 배려이다. 아마도 토마스 아퀴나스는 레비나스가 말하는 이러한 도덕은 바로 '이웃에 대한 사랑'이라고 말할 것이다. '도덕적인 존재'란 자연적인 본능을 역행하는 혹은 초월하는 어떤 인간적인 존재이며, 도덕적인 행위도 우리의 본성적인 행위를 넘어서는 것이다. 경험론자인 흄은 인간의 삶을 '만인에 대한 만인의 투쟁'으로 보았는데, 이는 틀린 것은 아니지만 인간을 매우 현상학적으로만 고찰한 결과이다. 현대인의 삶이 마치 만인에 대한 만인의 투쟁처럼 보인다면 이는 진정한 도덕적 삶을 상실한 인간의 삶이기 때문이다.

토마스 아퀴나스가 인간의 유적 지평을 넘어서는 선으로서 '신성한 선'과 '이웃에 대한 사랑'을 든 것에는 이유가 있다. 성서에서 인간에게 명하고 있는 도덕을 한마디로 요약하면 '신을 사랑하고, 이웃을 사랑하는 것'이다. 이 두 가지는 결코 인간의 자연적인 본성, 즉 유적인 본성으로 도달할 수 있는 것이 아니기 때문이다. 만일 인간의 자연적인 본성으로 이러한 것에 도달할 수 있다고 한다면 굳이 신의 명령처럼 그렇게 요청하지는 않았을 것이다. 이러한 도덕적인 삶에 있어서 크기는 중요하지 않다. 문제는 삶의 형식이다. 한 개인은 본질적으로 자신의 이익을 위해서 행동하겠지만, 만일 그가 이웃에 대한 사랑이라는 삶의 형식을 가지게 된다면, 그의 삶은 이 사랑을 위해서 '자신의 이익'이라는 것을 포기하는 그러한 삶의 형식을 취하게 될 것이다. '배려', '양보', '희생', '헌신', '자비' 이러한 용어들은 모두 '이웃사랑'이라는 자기초월의 삶을 말해주는 용어들이다. 만일 삶에서 이러한 용어들이 완전히 사라져 버린다면 이는 곧 '진정한 도덕'을 상실한 것을 말한다. 『이기적 유전자』의 저자인 리처드 도킨스는 모든 생명체는 '이기적인 본성을 가진 유전자'에 의해서 이기적으로 행위할 수밖에 없고 인간도 예외는 아니라고 말하고 있지만, 사실상 도킨스는 인간의 특수성을 잘 모르기 때문에 그렇게 말하고 있다고 본다. 인간의 특수성 그것은 '인간은 (유전類的인) 인간을 넘어서는 존재, 자신을 초월할 수 있는 존재라는 것이다. 자연 상태에서는 이기적인 존재라고 힐 수 있겠시반 인간은 자연 상태를 넘어설 수 있는 존재, 아니 넘어서야만 하는 존재이다. 만일 그렇지 않다면, 모든 종교적인 삶은 거짓이 될 것이며, 이웃에 대한 사랑이나 자비는 허상이 되고 말 것이다. 나이팅게일의 헌신이나 마더 테레사의 사랑 등을 누가 '사실은 이기적인 행위'라고 말할 수 있겠는가? 진정한 도덕적인 힘은 곧 나를 초월하는 정신적인 힘이며, 바로 여기서 '영성적인 삶'이 시작되는 것이다. 그런데 이러한 나를 초월하는 힘은 어디서 오는가?

2
궁극적인 목적과 자유의지

특수하고 예외적인 경우를 제외하고 모든 인간은 어느 순간 이 지상에서의 자기인생의 본질적인 목적 혹은 궁극적인 목적la fin de la vie을 하나씩 가지게 된다. "의지는 그의 동기와 대상으로서 궁극적인 것을 지니고 있다(『신학대전』, 1-2권, 문7)." 자신의 삶의 어떤 분야를 선택한다는 것은 곧 자신의 삶의 목적을 가진다는 것을 의미한다. 피아니스트는 최고의 피아니스트가 되는 것이 목적이며, 화가는 최상의 그림을 그리는 것이 목적이 될 것이며, 시인은 멋진 시를 창조하는 것이 목적이 될 것이다. 스님이 된다는 것은 '깨달음'을 얻어 진정한 스님이 되는 것이 삶의 목적이 될 것이다. 물론 이러한 직업적인 소명이 없는 사람들은 대개 가족을 위한 삶이 그 목적일 수도 있다. 원칙적으로 모든 인간은 자신의 분야를 선택하는 순간 이지상에서의 삶의 궁극적인 목적을 선택하는 것과 같고, 이러한 궁극적인 목적을 여러 개 동시에 가질 수는 없는 일이다. 그리고 모든 그의 다른 행위는 이러한 궁극적인 목적을 중심으로 이루어지고 질서 지워진다. 이러한 목적의 성취는 마치 '의무'처럼 나타난다. 보다 정확히는 의무이자 권리인 것처럼 나타난다. 이 의무는 선택한 이상 책임을 져야 한다는 자기 자신에 대한 책임을 의미이며, 또한 이 세상 그 누구도 이러한 목적의 추구에 간섭할 수 없는 고유한 자신만의 것이라는 측면에서 '권리'이다. 종교적인 사람이라면 이러한 자신의 목적을 '소명_{召命}', 즉 '신성한 부르심'처럼 고려할 것이다.

그런데 가끔 사람들은 이러한 목적이 다른 삶의 의무들과 대립하거나 충돌하는 것을 체험하곤 한다. 우리의 시간과 에너지는 제한되어 있고 해야 할 일들이 많을 때 우리는 갈등을 느끼게 된다. 글을 써야 할 것인가, 모임에 나가야 할 것인가? 혹은 책을 읽을 것인가, 여행을 할 것인가? 여가시간을 가질 것인가, 봉사활동을 할 것인가? 이러한 갈등은 우리의 삶에서 어떤 가치들의 위계가 있음을 밝혀주면서 또한 어떤 하나의 가치가 다른 가치들을 질서지우고 있음을 말해주고 있다. 왜냐하면 이러한 가치들의 대립이나 충돌이 반드시 어느 하나를 선택하고 어느 하나를 포기하는 것을 의미하지는 않기 때문이다. 다만 우선순위가 정해질 뿐이며, 또한 하나가 다른 하나를 위해서 이루어질 수 있기 때문이다.

가령 소설가는 글을 써야 하는 것이 당연하겠지만, 어쩔 수 없이 모임에 나가거나 가족을 위해 여행을 떠날 수밖에 없을 수가 있다. 이 경우에도 소설가는 여전히 자신의 보다 나은 소설을 위해서 모임에 참여할 수 있으며, 이를 위해 여행을 떠날 수도 있다. 수도자가 기도시간을 포기하고 봉사를 하러 떠날 때도 마찬가지이다. 그는 봉사의 행위가 곧 기도가 되게 할 것이며, 봉사 중에도 봉사의 행위가 대한 의무로 이해할 수가 있다. 즉 여행을 떠나는 경우도 우선적인 가치는 글을 쓰는 것이며, 봉사를 하면서도 우선적인 가치는 '기도'이다. 이러한 것들은 우리의 모든 행위가 우리가 사랑하고 있는 어떤 것에 대한 깊은 동기로 행해질 수 있다는 것을 말해주고 있다. '자기중심을 가지고 있다'는 것은 바로 이러한 것을 말한다. 자신의 모든 행위가 곧 자신이 가장 소중하게 생각하고 가장 소중한 가치라고 여기는 것을 중심으로 혹은 이러한 동기로 이루어지는 것을 말한다. 그렇기 때문에 정도를 달리하여 인간은 자신의 삶 안에서 외형적으로는 몇 가지 서로 다른 궁극적인 목적을 가질 수도 있다. 스님이지만 화가일 수도 있고, 사제이지만 소설가일 수가 있으며, 교사이면서 음악가일 수가 있다. 전자가 궁극적인 목적이라고 한다면, 후자는 궁극적인 목적을 이루기 위한 '방편'으로서의 '중개적인 목적'이라고 할 수가 있다.

궁극적인 목적은 하나일 수밖에 없겠지만 중개적인 목적은 여럿일 수도 있다. 하지만 이 경우에도 갈등이 없는 것은 아니다. 왜냐하면 사람들은 자주 가치의 전도를 체험하게 되는데 어느 순간 수단이었던 '중개적인 목적'이 마치 '궁극적인 목적'처럼 되어버리는 것을 체험할 수 있기 때문이다. "도대체 내가 무엇 때문에 이것을 하고 있는가?"라는 강한 의심이 드는 순간이란 수단으로 취한 것이 오히려 목적처럼 되어 버리는 것을 발견하는 순간이다. 그런데 이러한 의심은 인생의 모든 순간에 나타날 수 있으며, 그가 궁극적인 목적이라고 생각한 어떤 것이 성취되었을 때조차 마찬가지로 나타날 수 있다. 최고의 기업가, 최고의 시인, 최고의 가수, 누구나 존경하는 교사가 되었을 때조차 인간은 "도대체 무엇 때문에 내가 이것을 성취한 것인가?"라고 스스로에게 질문하게 되기 때문이다. 이 경우에는 개인의 삶으로서의 '궁극적인 목적'이 아니라, 인생 그 자체, 즉 인간으로서의 인간의 삶 그 자체에 대해서 의문을 던지고 있는 순간이다. 과연 인생이란 무엇이며, 인생은 무엇을 위해서 존재하는가? 이러한 질문은 결국 모든 인간에게 공히 궁극적인 목적인 '인간으로서의 목적'을 묻고 있는 것이다. 이를 토마스 아퀴나스는 '인생의 최종목적'이라고 부르고 있는데, 우리는 이를 '보편적인 궁극목적'이라고 말할 수 있다. 인간이 선택한 모든 직업인으로서의 목적은 사실상 '개인이 선택한 개인의 삶으로서의 궁극적인 목적'이다. 반면 인간으로서의 궁극적인 목적은 개인이 선택할 수 있는 것이 아니다. 왜냐하면 그것은 모든 인간에게 인간으로 태어났다는 이유만으로 주어지는 궁극적인 목적이기 때문이다.

> 사람은 이것 또는 저것을 선택할 수 있다는 면에서 자신의 행위의 주인이다. 그런데 선택이란 최종 목적과 관계하는 것이 아니라 그것에 도달하는 방법과 관계된 것이다. 따라서 인생의 최종적인 목적의 선택은 우리가 주인인 그러한 행위(곧, 의지적인 행위)에 속하지 않는다. _『신학대전』, 1권, 문82

사실 인간은 자신의 삶에 있어서 모든 것을 선택할 수 있다. 인간의 자유의지는 선택의 행위에 있어서 그 어떤 제약이나 장애물에도 불구하고 자유롭게 선택할 수 있는 능력이다. 이는 개별적인 삶에 있어서 궁극적인 목적을 선택하는 것과 이 목적을 이루는 수단의 선택에 있어서 적용된다. 그리고 이러한 자유의지에 있어서 인간은 완전히 자유롭다. 누구도 이러힌 의지의 자유를 방해할 수가 없다. 왜냐하면 의지란 완전히 내적인 행위를 말하는 것이기 때문이다. 행위나 행동을 방해할 수는 있지만 이러한 행위와 행동을 하고자 하는 '내적인 의지'를 방해할 수 있는 것은 아무것도 없다. 하지만 인간의 자유의지는 인간으로서의 궁극적인 목적을 선택할 수는 없다. 왜냐하면 이는 인간이라는 그 존재 자체에 '이미 각인되어진 어떤 것'이기 때문이다. 그의 의지는 인간이기 때문에 가지게 되는 속성과 같은 것으로 이러한 속성이 속성을 부여하는 본질(본성) 그 자체를 바꾸거나 선택할 수는 없기 때문이다. 물론 토마스 아퀴나스에게 있어서 모든 인간에게 공통되는 이러한 궁극적인 목적은 애초에 그의 존재의 원인이었던 '신神, Deus' 그 자체이다. 인간의 궁극적인 목적에 대한 토마스 아퀴나스의 사유는 사실상 독창적인 것이 아니다. 플로티누스는 '모든 것이 일자一者에서 나와서 일자로 되돌아간다'고 하였고, 아우구스티누스도 '내 영혼이 하느님에게 쉬기 전에는 휴식이 없다'고 하였다. 사실상 '신神', '일자一者', '지복至福', '궁극적인 목적' 등은 동일한 대상을 지칭하는 다른 용어들이다.

따라서 만일 어떤 사람이 '세상살이에 대해서 회의를 느낀다'고 한다면 그가 ─무의식중에라도─ 인간으로서의 궁극적인 목적에 대해서 자각하고 있다는 것을 의미한다. 왜냐하면 그 어떤 것에서도 자신의 의지를 유발하지 못한다는 것은 그 어떤 것에도 '좋은 것bonum'을 발견하지 못했다는 것을 ─ "지성에 의해 알려진 선bonum은 의지를 움직이게 한다(『신학대전』, 1권, 문82)"─ 의미하기 때문이며, 이는 그가 원하는 것은 지금 그가 살고 있는 것에서 발견할 수 있는 그 모든 '선'보다 더 큰 어떤 선을 갈망하고 있다는 것을 뜻하기 때문이다. 물론 사람들은 그가 세상에 대해서 회의를 느끼는 것이 세상의 선들에 대해서 불만족을 가지기 때문이 아니라 세상의 선들이 왜곡되고 타락되었기 때문이며, 결코 궁극적인 선을 원하기 때문이 아니라고 말할 수 있을 것이다. 그러나 이 경우도 자신이 생각하는 바람직한 어떤 '선에 대한 개념'이란 곧 유비적인 의미에서 '궁극적인 선'이라고 말할 수가 있다. 왜냐하면 궁극적인 선이란 이 궁극적인 선으로 나아가는 과정에서 발견할 수 있는 모든 선이 완전한 방식으로 발견되는 그러한 선일 것이기 때문이다. 토마스 아퀴나스는 "신의 이미지가 어떤 것에서 나타나기 위해서는 이 어떤 것이 완성의 최고 극치ultimum genus perfectionis

에 도달해야 한다(『진리론』, 정신에 관하여, 1장)"라고 말하고 있는데, 이는 다시 말하면 어떤 하나의 선이 이상적인 것 혹은 완성에 도달하였다고 한다면 여기서 곧 신적인 어떤 것을 발견할 수 있다는 것을 의미한다. 따라서 모든 분야에서 어떤 이상적인 것 혹은 완성을 지향한다는 것은 유비적인 의미로 '신을 지향한다'고 말할 수 있다. 이를 논리적으로 한 단계 건너서 말하자면 완성을 지향한다는 것은 항상 보다 나은 것을 지향하는 것을 의미하는 것으로 '보다 나은 것'을 지향한다는 것은 유비적으로 말해 곧 '신을 지향하는 것'이라고 할 수 있다. 따라서 만일 그가 진정한 토미스트라고 한다면 '완전한 자유'를 원하면서 수행에 정진하고 있는 승려에게서 '신을 추구하고 있는 스님의 모습'을 발견할 것이며, 항상 보다 나은 작품을 추구하는 예술가한테서도 '신을 추구하고 있는 모습'을 발견할 것이며, 그뿐만 아니라 항상 보다 나은 부모가 되려고 애쓰는 사람에게서도 '신을 추구하는 부모의 모습'을 볼 수 있을 것이다. 이러한 방식으로 사실상 모든 존재하는 것은 형이상학적인 의미에서 그들의 존재의 법칙에 의해서 '신을 추구하고' 있다. 그중에서도 지성을 소유하고 의지를 통해서 도덕적인 의미에서 '보다 나은 것'을 추구하는 인간에게서 보다 분명하게 '신적인 것을 추구하는' 존재의 법칙이 발견되고 있다.

그들의 존재의 법칙으로부터 신을 추구하고 있다는 것은 다른 말로 신은 그들의 존재의 내부에 있다는 것을 의미한다. 토마스 아퀴나스는 신이 세계 안에 내재內在하는 방식을 두 가지로 설명하고 있는데 하나는 '능동인causae agentis'의 방식으로 그리고 다른 하나는 '갈망되는 대상이 갈망의 주체 안에 이미 존재하는' 방식으로 설명하고 있다(『신학대전』 1권, 문8).

'능동인'이란 어떤 행위에 있어서 행위를 야기하는 원인으로서의 형상을 말한다. 가령 헬스운동을 야기하는 원인으로서의 능동인은 운동을 통해서 획득할 수 있는 '이상적인 건강'이다. 즉 이 건강을 목적으로 헬스운동이 실행되는 것이다. 이처럼 신이 존재하는 모든 것에 있어서 능동인이라는 것은 모든 존재하는 것이 그 본성에 있어서 자신들의 완성을 지향하고 있다는 것을 의미하며, 이러한 완성이 곧 신의 정신 속에 있음을 의미한다. 그러기에 자신들이 실현한 완성에서 신의 이미지(닮음)가 나타나는 것이다. 이러한 의미에서 어떤 대상의 본질을 통찰할 수 있고, 그들의 완성된 모습을 상상할 수 있는 시인이라넌 그는 노저에서 (유비적인 차원에서) 신의 모습을 발견하게 될 것이다. 마찬가지로 어떤 것을 강하게 갈망하는 사람, 어떤 것을 습관적으로 갈망하는 사람 안에는 이미 그 갈망하는 것이 그에게 존재하고 있는 것처럼―정의가 전혀 없는 사람은 정의를 추구하지 않을 것이다― 신을 강하게 갈망하고 있는 사람에게는 이미 그 사람 안에 신이 존재하고 있다. 그래서 토마스 아퀴나스는 "바로 이러한 방식으로 신은 은총을 통해 성인들 안에in sanctis 존재한다고 말해진다(『신학대전』 1권, 문 8)"라고 말하고 있으며, 또 "신의 행위(섭리) 안에서 이루어진 피조물의 유사―신의 지성 속이 있는 이데아들― 가 곧 그의 삶이다(『진리론』, 말씀에 관하여, 8장)"라고 말하고 있다. 만일 우리가 신의 현존顯存이라는 말을 일상에서 사용할 수가 있다면, 이 일상 안에서의 신의 현존은 일차적으로 신을 강하게 갈망하고 있는 사람에게서 그리고 신의 섭리에 따라서 살고 있는 사람들 안에서 나타나는 삶의 모습 그 자체에서 발견된다. 그리고 이보다 약하게는 모든 존재하는 것에서 가장 이상적인 모습, 그들의 가장 본질적인 모습을 발견하게 될 때 그들이 비춰주는 '신과의 유사analogia'를 의미하는 것이 될 것이다. 따라서 이 세상에서 사람들이 신의 현존을 발견할 수 없는 이유는 신이 머나 먼 저편 세계에 존재하는 것이 아니라, 신은 항상 이 현실세계에 현존하고 있지만, 사람들이 이 신의 현존을 볼 수 있는 눈과 지성을 상실하였기 때문이다. 우리는 토마스 아퀴나스의 '궁극적인 선'에 대해서 생각하면서 굳이 죽음 이후의 천국의 삶을 연상할 필요는 없다. 모든 인간은 보다 나은 어떤 것을 갈망한다는 의미에서 무의식 중에 궁극적인 선을 갈망하고 있으며, 이 궁극적인 선을 향해 끊임없이 어떤 보다 나은 것을 갈망하고 있기 때문이다.

그런데 왜 현실 안에서 사람들은 보다 나은 삶을 갈망하지 않는 것일까? 현대인의 특성 중에 하나는 '매너리즘'이라고 부르는 '현실안주'이다. '현실안주'는 다양한 분야에서 다양하게 나타나고 있는 현대인의 삶의 모습이다. 사람들은 더 이상 도덕적인 삶을 갈망하지 않는다. 경제적으로 안정적인 삶이 최우선적인 관심사며, 그리하여 적당한 직업을 가지고 있으면 그만이며, 이웃의 불행에 관심을 가지기보다는 '노후보장'에 더 관심을 가지고 있다. 모든 분야에서는 미래를 보장해줄 안전장치인 '보험'이란 것이 있으며, 그리하여 자신의 안정을 추구하는 데에도 능력이 부족하게 된다. 그렇다면 현대인이 보다 잘사는 삶이 무엇인지 모르는 것일까? 그렇지 않을 것이다. 사람들은 보다 나은 삶이 어떠한 것인지를 알고 있으며, 보다 잘산다는 것이 무엇인지를 알고 있다. 왜냐하면 이는 지성을 가진 인간의 자연적인 습성이기 때문이다. 최소한 생각하는 능력을 상실하지 않은 사람이라면 그는 보다 잘산다는 것이 무엇인지 알고 있다. 그럼에도 이보다 나은 삶을 지향하지는 않는다. 그 이유는 무엇일까? 그 이유에는 여러 가지가 있을 수 있다. 아마도 가장 상투적인 이유라고 한다면 '이기주의'일 것이다. '이기주의'란 도덕적인 존재로 '되기'를 거부하는 것을 말한다. 그것이 물질이든, 명예이든 혹은 평판이나 권력이나 그 무엇이든 이러한 외적인 것에 대한 추구로 인하여 그의 내적인 양심의 소리를 외면하는 곳에는 '이기주의'가 발생하게 된다. 사람들이 거짓말을 하거나 과장을 하거나 하는 것에도 대개는 '이기주의'가 도사리고 있다. 이러한 이기주의는 그 본질에 있어서 타인의 선을 파괴하면서 자신의 선을 추구하고자 하는 악마적인 것이다. 물질(자본)의 가치가 무엇보다 우선시되는 '자본주의'에서는 이러한 이기적인 경향성이

강해진다. 왜냐하면 이러한 자본주의는 자본에 대한 추구가 '인간성'이 요청하는 도덕적인 것보다 더 우선적인 것이 되어버리기 때문이다. 하지만 이기주의라는 것이 단순히 어떤 외적인 행동에서 파악되는 것이 아닌, 어떤 정신적인 성향을 의미하는 것이라면 여기에는 보다 깊은 내적인 이유가 내재되어 있다. 아무리 자본주의가 강한 사회에도 성자나 의인은 있을 것이며, 이웃을 염려하고 선을 실천하고자 하는 사람들은 있을 수 있기 때문이다. 대중의 행위는 사회적인 분위기에 좌우되겠지만, 개인의 행위는 언제나 자신의 내적인 이유에서 실행된다. 따라서 한 개인의 '이기적인 행위'에 대한 이유는 결코 그가 속한 '사회의 형태'나 '사회적 분위기'로부터 설명될 수가 없다.

사실 '이기주의'는 현대인의 문제가 아니라 인간으로서의 인간이 지닌 본질적인 문제이다. 리처드 도킨스가 『이기적 유전자』에서 그렇게 말하고 있듯이 인간이라면 누구나 자신의 이익을 위해서 행위하도록 그렇게 되어 있기 때문이다. 하지만 그렇다고 해서 이러한 것이 인간의 운명인 것은 아니다. 인간은 본질적으로 자신의 이익을 위해서 행위하지만 또한 올바르고 도덕적인 행위를 통해서 이러한 자신의 이익을 추구하도록 되어 있다. 즉 자신의 이익을 추구하되 정당한 방법으로, 도덕적인 방식으로 추구하도록 하는 깊은 원리가 내재되어 있다. 토마스 아퀴나스는 이 원리를 '양심'*이라고 말하고 있다. 나아가 인간은 이러한 인간의 본성적인 경향성을 넘어서고자 하는 어떤 지향성을 지니고 있는데 이것이 곧 인간의 '의식'이다. 인간이 의식을 가진 존재라는 것은 하나의 축복이자 갈등의 원인이다. 인간의 의식은 항상 도덕적 의미에서의 보다 나은 삶을 추구하도록 하며, 보다 나은 삶의 비전을 보여주는 의식이다. 양심이 도덕적인 행위를 하도록 명하고, 의식이 보다 나은 삶의 비전을 보여주는데도 개인은 이러한 것을 추구하지 않으며 갈등을 느낀다. 오히려 이러한 것이 그에게 가책을 느끼게 함으로써 괴롭히고 있다. 왜 그런 것일까? 이는 그의 자유의지 때문이다. "의지는 원하는 능력이며, 자유 의지는 선택의 능력이다(『신학대전』 1권, 문83)." 사람들은 무엇인가를 원하고 있지만 이 원하는 것을 실제로 추구하지는 않는

---

* '도덕적 판단의 제일원리'로서의 '양심'과 '의식'에 대해서는 다음 장에서 다루도록 할 것이다.

경우가 많다. 특히 사회적인 선을 위해서 무언가 모임을 가지거나 담론을 할 때에는 이러한 것이 극명하게 드러나는 경우가 많다. 사람들은 그 목적이나 시작에서는 숭고하게 시작하지만 그 결과는 비참할 경우가 많은 것을 자주 체험하곤 한다. 각자의 자유의지가 어떤 보다 나은 것을 추구하는 대신에 끊임없이 자신의 이익을 생각하기에 전체의 선共同善의 관점에서는 비참한 것만을 선택하고 마는 것이다. 자유의지는 절대적으로 자신의 몫이며 누구도 간섭할 수 없는 것이겠지만, 또한 온전하게 자유의지를 올바르게 실행한다는 것은 매우 어려운 일이다. 이러한 자유의지의 올바른 사용은 그의 성숙하고 내적인 도덕성을 전제로 하기 때문이다.

사실 성서상의 원죄설은 '자유의지의 올바른 사용'이 불완전함을 말해주는 일종의 알레고리, 즉 상징적인 우화로 보아야 할 것이다. '인간은 본질적으로 자유의지의 올바른 사용에 있어서 어떤 문제를 안고 있다'고 말하는 것이 바로 이 원죄설의 핵심이다. 위장이 올바른 기능을 하지 못할 때 치료가 필요하듯이 인간은 자유의지의 올바른 사용을 위해서 어떤 '치유'가 필요하다.

그렇다면 왜 인간은 자유의지를 올바로 사용할 수가 없는 것일까? 그리고 어떻게 하면 이러한 자유의지의 올바른 사용을 획득할 수가 있는 것일까? 사실 이러한 질문은 선의 실천에 있어서 '주지주의主知主義'냐 '주의주의主意主義'냐 하는 해묵은 논쟁을 야기하고 있다. 즉 도덕적인 선을 실천하는 데 있어서 주된 원인으로서 '앎'이 우선인가 혹은 '의지'가 우선인가 하는 논쟁이다. 그리고 토마스 아퀴나스는 '주지주의자'로 알려져 있다. 왜냐하면 토마스 아퀴나스는 의지적인 행위가 유발되는 이유를 '목적에 대한 앎'이라고 말하고 있기 때문이다.

목적에 대한 완전한 앎은 그의 완전한 의미에서 의지적인 행위를 유발한다. … 목적에 대한 불완전한 앎은 불완전한 의지적 행위를 유발한다. … 이처럼 완전한 의미에서 의지적인 행위는 이성적인 피조물에게만 해당되는 것이다. 그러나 이성이 없는 동물에게도 불완전한 의지적인 행위가 있다. _『신학대전』, 1-2권, 문6

인간이 올바른 자유의지를 사용할 수 없는 이유로서 토마스 아퀴나스는 '목적에 대한 앎'의 결여로 파악하고 있다. 즉 우리의 행위에 대한 목적을 완전하게 알고 있다면 우리는 완전한 의미에서의 '의지적인 행위'를 사용할 수가 있는 것이며, 그렇지 못할 경우 '불완전한 의지적인 행위'를 사용하게 된다는 것이다. 하지만 이러한 토마스 아퀴나스의 사고에 대해서 '주의주의자'들은 다른 얘기를 할 것이다. 즉 이들은 '어떤 것이 선한 것임을 안다고 해서 사람들은 그것을 반드시 실행하지는 않는다'고 주장하는 것이다. 즉 이들은 인간이 선을 실천하는 데에는 앎이 우선인 것이 아니라, '선의지善意志'가 우선이라고 보는 것이다. 사실상 순수하게 경험적인 차원에서 인간의 행위를 고찰하자면 '주의주의'가 보다 적합한 것 같다. 대다수의 사람들에게 있어서는 무엇이 선한 것이고, 무엇이 도덕적인 것인지를 몰라서 행하지 않는 것은 아니기 때문이다. 그런데 여기서 우리가 염두에 두어야 할 것은 토마스 아퀴나스가 말하는 '완전한 의미에 있어서의 의지적인 행위'란 단순히 무엇을 원하는 행위가 아니라 '자유의지'의 실행을 의미한다는 점이다. 우선 '완전한 의지'와 '불완전한 의지'를 구분해 보자. 완전한 자유의지란 행위함에 있어서 다른 어떤 외부의 강압이나 폭력에 의해서 신행되는 것이 아닌 진짜으로 나의 '자유로운 판단'이나 '독립된 의사'에 의해서 실행되는 의지이다. "'자연적인 것'과 '강압적인 것'이 모순되는 것이듯 절대적으로 '구속' 또는 '강압'의 의한 행위가 동시에 '의지적 행위'라는 것은 모순된다(『신학대전』 1권, 문82)." 따라서 만일 나의 행위의 동기가 어떤 외부적인 '강압'이나 '속박'에 있다면 나의 행위는 속박된 그만큼 자유롭지가 못한 것이다. 반면 나의 행위의 이러한 외부적인 강압이나 속박으로부터 벗어나서 보다 나의 내적인 원인으로부터 실행된다면 나의 행위는 그만큼 자유로운 것이다. 따라서 '완전한 의미에서의 의지적인 행위'란 나의 자유에 의한 행위, 즉 '자유의지'에 의한 행위를 말한다. 따라서 외형상 자유의지에 의한 행위처럼 보이는 행위도 사실은 매우 불완전한 자유의지에 의한 것일 수 있으며, 또한 보기에는 속박에 의한 행위 같지만 매우 자유로운 의지를 통해서 실행되기도 한다. 동일한 행위를 행하는 사람들일지라도 그 의도는 매우 다른 것일 수 있는 이유가 바로 여기에 있다. 사회적 기부를 하는 기업인들 중에는 당연히 그렇게 하여야 한다는 도덕적인 판단에 따른 '자유로운 의지'에 의해서 행하는 사람도 있겠지만, 언론이나 여론에 떠밀려서 혹은 자기회사의 이미지를 관리하기 위하여 어쩔 수 없이 행하는 경우도 있다. 결국 어떤 사람의 행위가 '자유의지'에 의한 것인가 아닌가 하는 것은 그의 내적인 '실존적 상황'에 달려 있다. 그렇기에 "행위는 존재를 따른다"는 토마스의 형이상학적 원리는 이러한 자유의지에 있어서도 여전히 유효하다. 그렇다면 우리의 의지의 자유를 보장해줄 '내적인 동의'는 어디에서 오는 것일까?

어쩔 수 없이, 마지못해서 행위하는 것이 아니라, 나의 자유로운 선택으로 행하게 되는 이 내적인 동의는 단순히 의지를 유발한다고 해서 되는 것이 아니다. 나의 내적인 동의란 자발적인 판단을 통해서 어떤 의미에서는 '스스로 원하게 되는 행위'를 말한다. 스스로 싫어하는 것에 대해서 의지를 유발한다고 '스스로 좋아하게' 되는 일은 없다. 우리는 일상에서 이를 자주 체험할 수 있다. 본인이 싫은 사람을 부모나 친구들이 권유한다고 해서 그리고 나의 의지를 유발한다고 해서 그 사람을 '스스로 좋아하게' 되지는 않는다. 내가 지지하기 싫은 사람인데, 그래야만이 우리 고장이 발전한다고 해서, 나의 의지를 유발하기만 하면 '저절로 그 사람을 지지하고 싶은 마음'

이 생기는 것은 아니다. 물론 자유의지가 이러한 '느낌'도 좋아함'을 전제하지는 않는다. '좋아한다'는 것은 심미적인 차원이며, 내적인 동의가 순수하게 심미적으로 '좋아함'을 의미한다면 '동의'는 필요 없을 것이기 때문이다. 그냥 내가 좋아하는 것을 하면 되지 군이 '동의'를 요청할 필요가 없을 것이기 때문이다. 내적인 동의란 그 자체 어떤 지성적인 행위를 말한다. '지성적인 행위'라는 측면에서 '내적인 동의'는 최소한 강압에 의한 것이 아니라, 자발적인 것이다. 즉 내가 어떤 것을 이해하고 긍정하면서 스스로 그것이 타당하다고 하는 자발적인 자각에 의한 선택을 의미한다. 그러기에 진정한 의미의 자유의지란 '판단'하기까지의 '숙고의 과정'을 요청한다.

> 판단이란, 숙고의 행위가 끝나는 결론을 말한다. … 선택이란, 그 자체가 어떤 판단처럼 고려된 것이다. 이러한 것에 의해서 사람들은 (선택의 행위를) '자유의지'라고 칭하는 것이다. _『신학대전』, 1권, 문83

토마스 아퀴나스가 자유의지는 목적에 대한 앎을 요청한다고 한 이유는 여기에 있다. 나의 자발적인 의지가 유발되기 위해서는 '왜 내가 이러한 행위를 하여야 하는지' 그리고 '이러한 행위가 어떤 결과를 도출할 것인지'에 대한 충분한 이해를 요청하는 것이다. 심리적으로 혹은 심미적으로 '좋아하지'는 않는다 하더라도 그렇게 할 수밖에 없음을 인정하고 그것이 최선의 선택임을 스스로 이해한다면, 그리하여 어떤 외적인 강압이나 속박에 의한 것이 아니라 나의 자발적인 판단과 선택에 의해서 행위한다면, 여기에 비로소 '완전한 의미의 의지' 즉 '자유의지'가 성립하게 된다. 여기서 최선이라는 것은 '최대한의 도덕적인 선善의 산출'을 의미한다. 왜냐하면 의지란 그 본성에 있어서 '선을 지향하는 것'이기 때문이다. 자유로운 판단이 도출되기까지의 '숙고의 과정'이란 무엇을 말하는가? 이것은 곧 '목적에 대한 앎'이다. 토마스 아퀴나스는 절도나 강도짓도 자신에게 선한 것(좋은 것)을 가져다준다고 믿기 때문에 행한다고 말하고 있다. 하지만 만일 그 도둑이 자신의 행위에 대한 목적(결과)이 자신에게 작은 선을 가져다주겠지만 보다 큰 선을 파괴할 것이라는 것을 알았다면 그는 도둑질을 하지 않을 것이다. 토마스가 말하는 '목적fines'은 항상 궁극적인 목적을 염두에 두고 있다. 왜냐하면 인생의 법칙이란 작은 목적들이 모여서 큰 목적을 이루고, 큰 목적들이 모여서 궁극적인 목적에 도달하는 것이기 때문이다. 사람이 늘 궁극적인 목적을 생각하며 살 수는 없겠지만, 단 한 번도 궁극적인 목적을 생각해 보지 못한 사람은 참으로 불행한 사람이라고 해야 할 것이다.

그런데 만일 궁극적인 목적이라는 것을 전혀 가정하지 않는다면 어떻게 될까? 그렇게 된다면 인간의 미래는 우연의 손에 맡겨지게 될 것이다. 보다 정확히는 힘의 원리에 넘겨지게 될 것이다. 목적론적인 세계관에서 궁극적인 목적을 인정하지 않는다는 것은 곧 선의 계열을 인정하지 않는다는 것이 되고, 매 순간 사람들의 관심은 자신의 행위가 산출할 일회적인 결과만을 염두에 둘 것이며, 그렇게 된다면 모든 도덕적인 법칙이 무너지게 될 것이다. 거짓말이나 위선적인 행위라 할지라도 그것이 산출할 일회적인 결과만이 좋다면 사람들은 그것을 선택할 것이다. 그렇기 때문에 온갖 부도덕한 일들, 위선적인 일들, 부정의不正義한 일들이 넘쳐날 것이다. 왜냐하면 이런 것을 행하는 사람들은 그것이 자신에게 당장 유익하다고 믿기 때문이다. 비록 자신의 행위에 대해서 처벌 받을 사회적인 법률이 있다 하더라도 '법망을 피할 수 있다면' 그리고 '발각될 확률'이 낮다면 언제나 이러한 비도덕적인 행위를 하게 될 것이다. 철학자가 진리를 추구하는 것도 당장에 자신에게 유익한 것에 한에서만 그렇게 할 것이다. 이렇게 된다면 인간의 사회에는 '정글의 법칙'만이 난무하게 될 것이다.

선의 목적 계열은 참으로 합리적인 세계관이다. 선의 목적 계열에 관한 세계관은 이러한 '정글의 법칙'을 원천적으로 거부할 수 있는 가장 확실한 방법이다. 즉 악을 행하거나, 부정의하거나, 비도덕적인 행위들은 당장의 작은 선을 가져다준다 할지라도 그것이 자신의 보다 큰 선을 파괴하는 행위라는 것, 그리고 선을 베풀고 사랑을 실천하는 행위는 비록 그것이 우선은 고통스럽고 손실을 야기하는 것이라 하더라도 보다 큰 선을 가져다준다는 것을 인정하는 것이며, 이러한 삶만이 인생의 '궁극적인 목적'에 도달하게 한다는 세계관이기 때문이다. 비록 여행하는 사람이 여행의 과정에서 늘 여행의 목적지를 염두에 두고 있지는 않다 하더라도 여행의 전 과정은 여행의 목적과 필연적으로 연계되어 있는 것이 분명하듯, 사람

들이 늘 궁극적인 목석을 염두에 누고 살지는 않는다 하더라
도 인생의 모든 과정은 인생의 궁극적인 목적과 필연적으로
연계되어 있기 때문이다.

그런데 여기서 여전히 한 가지 다른 의문이 남는다. 목적에
대한 분명한 이해가 있다고 해서 반드시 그에 적합한 행위를
선택할 수는 없다는 점이다. 이는 '욕망은 무한하나 의지는 유
한하다'고 하는 토미즘의 법칙 그 자체에서 분명하다. 만일 분
명한 목적에 대한 이해가 분명한 자유의지를 유발한다고 한
다면 이 세상에는 성인들로 넘쳐났을 것이다. 하지만 세상은
여전히 예전이나 지금이나 유사하다. 왜 그런가? 개인의 삶에
있어서 분명한 이해를 가지고 있지만 나의 의지가 이러한 이
해를 따를 수 없는 경우를 많이 체험할 수 있다. 그렇지 않다
면 '후회'라든가, '고백성사'라는 것은 있을 수 없을 것이다. 그
렇다면 무엇이 우리의 자유의지를 '구속'하고 있으며, 무엇이
이러한 구속에서 해방시킬 수 있을 것인가? 사실 우리의 자유
의지를 구속하는 요인은 내적, 외적 요인을 모두 들 수 있다.
내적인 요인으로서는 인간은 이상적인 존재가 아니라는 데에
있다. 즉 인간은 나약한 존재이다. 도道를 획득한 도사道士이

거나, 성불成佛한 부처가 아니라면, 그리고 인간성의 한계를 극복한 성인聖人이 아니라면, 누구라도 체험할 수 있는 인간존재의 어떤 부조리함이다. 인간이 진리를 추구하는 존재라는 그 사실로부터 인간은 '진리'를 박탈당한 존재이며, 인간이 선을 추구하는 존재라는 그 사실로부터 인간이란 '선善'이 부족한 존재이다. 마찬가지로 자유를 갈망한다는 사실로부터 인간에게는 '자유'가 박탈되어 있다. 그러기에 '목적'에 대한 완전한 앎이 인간에게 완전한 의미의 자유의지를 유발하지 못한다는 것도 자연스러운 것이다. 이를 인정한다는 것은 곧 철학적인 겸손을 의미하며, 바로 여기에서 인간에게는 인간적인 것보다 더 큰 어떤 '선'이 요청되는 것이다. 인간적인 삶에서 종교의 역할이 요청되는 것은 바로 이러한 이유에서이다.

우리의 선택은 항상 우리 자신에게 속하지만, 그러나 여기에는 항상 선의 도움이 있음을 가정할 수 있다. _『신학대전』, 1권, 문83

은총이라는 말에는 다양한 의미가 포함되어 있겠지만, 종교적인 의미에서 은총의 가장 일차적인 의미는 바로 불완전한 인간의 자유이기를 원천하게 **한다**는 데 있다. 무엇이 진리인지, 무엇이 선한 행위인지 그리고 인간이 어떻게 살아야 하며, 어떤 방법으로 살아야 하는지를 안다는 것은 어려운 것이 아닐 것이다. 이웃을 사랑하고 벗을 위하여 제 목숨을 버리는 것이 왜 좋은 것이며, 왜 숭고한 것이라는 것을 안다는 것도 어려운 것은 아니다. 인간은 학문을 통하여 거의 모든 것을 알 수가 있다. 하지만 이러한 앎만을 통해서는 한 인간의 의지를 바꿀 수 없다. 그렇지 않다면 교육만으로도 이 세상을 '낙원'으로 바꿀 수 있을 것이다. 인간의 본성적인 한계, 그것은 그가 나약하다는 것이며, 선을 행하는 데 있어서 제한적이라는 것이며, 따라서 그의 자유의지는 여러 가지로 제약을 받고 있다는 것을 말한다. 그래서 이러한 한계와 제약을 초월할 수 있는 그 어떤 힘이 외부에서 오지 않는다면 엄밀한 의미에 있어서 '구원'이라는 말을 할 수는 없을 것이다. 신의 도움, 즉 은총이란 무슨 좋은 행운을 가져다주거나 특별한 능력을 선사하는 것만을 의미하는 것은 아니다. 은총의 진정한 의미는 우리가 윤리·도덕적인 선택에서 '갈등'하고 있을 매 순간, 올바른 선택을 할 수 있도록 우리에게 힘을 주는 것을 말하며, 우리의 자유의지가 완전하게 자유로울 수 있도록 우리를 위협하는 세속적인 가치나 폭력으로부터 정신적으로 보호한다는 의미이다. 그러기에 은총은 일회적인 것이 아니다. 은총의 진정한 의미는 선을 갈망하고 궁극적인 목적을 향해서 끊임없이 노력하는 사람들에게 있어서 나타나는 내적이고 도덕적인 놀라운 어떤 힘의 현존에 있다. 그러기에 은총은 지속적이며, 항상 존재하는 어떤 것이다. 이를 보다 쉽게 말하자면 '빛나는 양심'의 현현이 있는 곳에 은총이 있다고 말할 수 있다. 맹자의 '호연지기'는 매일같이 의롭고 선한 생각을 하고 이를 실천하면서 갖추게 되는 어떤 '도덕적인 기운'을 의미한다. 하지만 이러한 '호연지기'를 가지기 위해서는 매일같이 선하고 도덕적인 생각을 하고, 우리의 자유의지를 통해서 이를 선택할 때에만 가능한 것이다. 만일 우리의 '의지'가 불완전하여 이러한 선하고 도덕적인 행위를 선택할 수가 없다면 이러한 '호연지기'는 실현 불가능한 하나의 이상적인 것에 지나지 않을 것이다. 만일 실현 가능하다고 하더라도 이는 자기 자신과의 치열한 내적인 싸움을 통해서 아주 힘들게 얻을 수 있는 것이다. 하지만 실재론적인 토미즘에서는 이를 다르게 이해하고 있다. '갈망되는 대상이 갈망의 주체 안에 이미 존재하고 있다'는 토미즘의 사유에서 신의 은총은 갈망에 대한 답변이 아니라, 갈망 그 자체에 이미 존재하고 있다. 어떤 사람이 '의로움'을, '진리'를, '도덕적인 선'을, '정의'를, '인간사랑'을 강하게 갈망하는 사람이라면 이미 이러한 그의 갈망을 통해서 신의 현존과 은총이 드러나고 있다. '지금 의로움에 굶주리는 사람은 행복하다'고 하는 성경의 말이 진리인 것은 바로 이러한 이유가 아닐까! 그리고 자신의 은총으로 야기한 이러한 갈망을 전혀 모른 체한다면 그러한 신은 부조리한 신에 불과할 것이다. 즉 어떤 식으로든 그의 '의義에 대한 갈망'은 채워질 것이다. 그래서 토미즘의 마지막 진술은 "의로운 이가 존재하고, 사랑을 실천하는 이가 존재하기에 신은 존재한다"는 것이다. 바로 이러한 의미에서 윤리·도덕의 끝은 곧 영성적인 삶의 시작이다.

3
양심과 의식

　토마스 아퀴나스의 사상에서 가장 독창적이고 현대적인 사유의 특징을 보여주고 있는 부분이 있다면 양심synderesi과 의식conscientia에 관한 사유가 아닐까 생각된다. 이러한 주제들이 전문적으로 다루어지고 있는 부분은 『진리론』의 문16과 문17까지인데, 중세철학자 중에서도 이 두 개념에 대해서 독립적인 주제로 그리고 전문적으로 다루고 있는 철학자는 토마스 아퀴나스뿐일 것이다. 그리고 당시 대부분의 철학자들이 '양심'과 '의식'을 별 구분 없이 사용한 데 비해서 토마스 아퀴나스는 이 두 용어를 개념정리를 통해서 분명하게 구분해 주고 있다. 양심이 현대적인 사유의 특징을 보여주는 점은 토마스 아퀴나스의 양심에 관한 사유는 현실의 다양한 문제와 직간접적으로 긴밀히 연관되어 있다는 점이다. 철학이 단지 사변적인 유희가 아니라 인간적인 삶의 현실에 도움을 줄 수 있는 실천적인 학문이 되어야 한다는 사유는 그 어느 때보다 커지고 있으며, 다양한 응용 철학들이 빌진하고 있는 현대철학은 이러한 정신을 잘 대변해 주고 있다. 윤리 · 도덕적 판단의 제일원리로서의 양심과 앎의 대상에 대한 유기적이고 전체적인 인식과 대상이 처한 상황을 모두 고려한 '의식'에 대한 토마스 아퀴나스의 사유는 가장 실천적인 영역과 맞닿아 있다고 할 수 있다.

토마스 아퀴나스가 사용하고 있는 양심(신데레시, synderesi)이라는 라틴어의 용어는 '선과 악을 판단하는 자연적인 원리' 혹은 '윤리·도덕적 판단의 제일원리'로서 인간이면 누구나 지니고 있는 선천적인 원리이다. 당시 대부분의 학자들이 이러한 원리를 '의식conscientia'으로 보았으며, 그 기원이나 정의에 있어서 '양심'과 분명하게 구분하고 있지 않은 데 비해 토마스 아퀴나스는 그의 『진리론』에서 분명하게 구별하고 있으며, 또한 양심과 의식의 관계성을 엄밀하게 규명하고 있다. 양심이 윤리 · 도덕적인 행위의 제일원리라는 측면에서 양심은 그것을 통해서 인간답게 살 수 있게 하고 행복한 삶을 추구하는 데 결정적인 역할을 한다. 행복한 사회란 어떤 사회일까? 한국사회가 경제적으로 세계 상위권을 달리고 있다고 자랑하는 매

스컴의 기사는 종종 볼 수 있지만, 한국이 행복지수에 있어서도 상위권을 달리고 있다는 기사는 한 번도 접할 수 없었다는 사실은 한국인이라면 누구나 알고 있는 사실이다. 2005년도에 한국사회는 행복지수에 있어서 세계에서 100위권에도 들지 못하였다는 유엔의 통계조사발표가 있었다. 그리고 이러한 결과를 입증이라도 하듯이 한국사회는 OECD 국가 중 부끄러운 1위를 많이 가지고 있다. '인구대비 자살률', '노인 자살 및 청소년 자살률', '암 사망자 수', '빈부격차', '주간 평균 노동시간', '이혼율', '낙태율' 등 무려 15가지 정도가 된다. 부끄러워서 숨길 수밖에 없는 이러한 결과들의 원인은 어디에 있는 것일까? 아마도 그 원인은 다양한 사회구조적인 문제와 정치·경제적인 역학관계 등 복합적인 것이겠지만, 가장 근본적인 원인은 한국인 개개인이 자신의 양심의 소리를 듣지 않는다는 데에 있다. 왜냐하면 양심은 모든 인간 행위에 있어서 도덕적인 행위가 될 수 있도록 우리의 행위에 대해서 도덕적 판단을 내려주는 내면의 소리이기 때문이며, 인간이라면 누구나 지니고 있는 '선험적인 것'이기 때문이다. 칸트의 '정언명령'에서 양심은 그 명령의 주체이다. 하지만 왜 사람들은 이러한 선험적이고 '정언적인 명령'을 내려주는 양심의 소리를 듣지 않는 것일까? 아마도 그것은 양심의 실체를 믿지 않거나, 애써 부정하고자 하면서 양심에 대해서 무지하기 때문이 아닐까?

양심良心이라는 용어는 우선 그 정의 자체에 있어서 매우 모호한 개념인 것이 사실이다. 한글 그 자체로는 '밝은 마음'이란 뜻인데, 밝은 마음이라는 용어는 매우 모호한 개념이다. 밝다는 것은 무엇을 의미할까? '깨끗하다', '순수하다'는 것 등으로 이해할 수 있을까? 그렇다면 마음은 또 무엇을 의미하는 것일까? 마음이라는 이 용어는 한글 사용에 있어서 가장 풍부한 의미를 안고 있으면서 또한 가장 규정하기 힘든 단어이다. '내 마음은 너의 마음과 같지 않다', '몸 따로 마음 따로', '마음 같아서는 당장 ~하고 싶지만…', '열길 물속은 알아도 한길 마음속은 알 수 없다', '마음 한번 바꾸니 천국이 여기더라!', '사람은 모름지기 마음이 좋아야 한다', '일체의 것이 마음에 달려 있다' 등 마음에 관한 무수한 말이 있지만 그 의미는 모두 조금씩 다르다. 그래서 한글 용어의 마음이란 문학적인 용어이지 철학적인 용어로 잘 사용되지 않는 것 같다. 서양철학에서도 이 마음에 해당하는 용어는 분명치 않다. 어떤 때는 '가슴' 어떤 때는 '심장' 어떤 때는 '의식' 등에 해당하는 용어로 마음이라는 것을 지칭한다. 나아가 더 이상 '양심'이라는 주제는 현대철학에서 거의 다루어지고 있지 않으며, 윤리학에서조차 양심이라는 용어를 학문적인 것으로 다루려 하지 않는 경향이 있다.

하지만 중세철학에서 양심이라는 용어는 비교적 분명한 의미를 지니고 있다. 철학자들에 따라서 '양심'과 '의식'을 구분 없이 사용하거나 약간의 견해 차이는 있지만, 일반적으로 윤리·도덕적인 분야에서 '선과 악' 혹은 '옳은 것과 그른 것', '바람직한 것과 피해야 하는 것' 등을 판별하는 판단의 원리로 여기고 있다. 토마스 아퀴나스는 이 양심을 '선과 악'을 판단하는 윤리도덕적 판단의 제일원리로서 선천적으로 주어진 자연법칙legem naturae으로 생각하고 있다. 그런데 양심은 다만 판단의 능력일 뿐 아니라 선을 실천할 수 있도록 우리를 부추기거나 항상 선을 지향하게 하는 일종의 내적인 힘 혹은 경향성을 의미하기도 한다.

인간 행위의 영역 안에서 만일 우리가 어떠한 (행위의) 교성이 있다고 가정한다면, 여기엔 필연적으로 그것에 의거하여 모든 인간 행위가 검정되는 하나의 불변하는 원리가 있다고 가정해야만 한다. 그 결과, 이러한 지속적인 이 원리는 모든 악惡에 저항하며, 모든 선善에 대해서는 '그렇다'고 말할 것이다. 이러한 것이 '양심synderesis'이며, 이 양심의 역할은 악에 저항하고 선을 부추기는 것이다. _『진리론』, 문16, 양심에 관하여, 2장

양심의 문제에 있어서 가장 논란의 대상이 되는 주제가 있다면 양심이 '생득적인 혹은 선천적인 것'이라는 사실일 것이다. 왜냐하면 '인간에게 탄생하면서부터 선악을 구별하는 어떤 불변하는 원리가 있다'는 사실은 증명할 수 있는 것이 아니기 때문이다. 양심의 작용이란 본질적으로 한 개인의 내밀한 삶의 영역에 속하는 것이어서 개개인의 삶의 경험을 통해서 확인할 수밖에 없는 것이다. 그런데 삶에 대한 우리의 경험은 '인간에게 선악을 판별하는 원리'가 선천적으로 주어졌다고 하기에는 우리의 현실이 너무나 '비도덕적이고', 너무나 많은 악행들이 저질러지고 있다. 양심을 지니고 사는 사람들, 그것

도 순수하고 깨끗한 양심을 지니고 살아가는 사람들을 찾기가 매우 힘든 현실을 고려하면 '천부적인 능력인 양심'이라는 개념 자체가 환상처럼 보이기도 한다. 이러한 이유로 경험론자라면 양심이라는 것도 교육이나 환경을 통해서 습득된 일종의 '습관'이라고 할 것이다. 하지만 그럼에도 불구하고 선천적인 원리로서의 '양심'을 긍정하지 않을 수 없는 몇 가지 이유가 있다. 이러한 이유에는 실천적인 영역에서, 즉 인간의 행위규범에 있어서 '진리'라는 말이 의미를 가지기 위해서이며, 나아가 인간이 '자율적인 존재' 혹은 '도덕적인 존재'라는 사실 그 자체로부터의 이유이다.

토마스 아퀴나스는 아리스토텔레스의 형이상학적인 원리에 따라서 사변적인 영역에서뿐 아니라, 실천적인 영역에서도 어떤 것을 '진리'라고 말할 수 있기 위해서는 그 자체 변화할 수 없는 최초의 앎의 원리를 가져야 한다고 생각하였다.

이로부터 우리는 모든 변화하는 것은 불변하는 제일원리를 가정하고 있다고 말할 수 있다. 이로부터 우리는 또한 모든 사변적인 앎은 모든 오류가 배제된 절대적으로 확실한 하나의 앎의 유형으로부터 파생된다고 말할 수 있다. 이러한 앎은 보편적인 제일 원리들에 대한 앎이며, 이 원리들의 빛을 통해서 모든 다른 앎이 조정이 되며, 이 원리들의 덕분에 모든 진리가 알려지며, 모든 오류가 제거되는 것이다. 그리고 이 빛 안에서 이후의 모든 앎 안에서 모든 확실성이 보존되며 어떠한 오류도 발생할 수 없을 것이다. _ 『진리론』, 문16, 양심에 관하여, 2장

　모든 학문은 그들이 다루고 있는 앎들이 단순한 합의가 아니라 진리라고 말할 수 있기 위해서는 어떤 최초의 분명한 진리를 가지고 있어야 한다. 가령 1+1=2라는 가장 간단한 최초의 원리가 인정되어야, 이후 1+2=3 혹은 1-1=0이라는 원리가 인정될 수 있고 나머지 모든 수학적인 원리가 정당화될 수 있다. 마찬가지로 모든 분야에서 어떤 법칙이나 원리가 존재하기 위해서는 그 법칙이나 원리의 기원이 되는 가장 최초의 법칙 혹은 원리가 전제되지 않으면 안 된다. 인간의 앎이란 단순한 경험적 사실들을 축적해 놓은 것이 아니라, 인간의 이성에 의해서 납득할 수 있고, 논리적으로 모순이 없는 것들의 총체라고 한다면, 여기에는 앎의 목적 계열이 있다. 즉 하나

의 앎은 이후의 앎의 근거가 되고, 그다음의 앎은 또 다른 앎의 근거가 되는 것이다. 따라서 만일 수학적인 영역에서 최초의 앎이 오류를 범한다면 그것을 근거로 하는 나머지 모든 앎도 오류일 수밖에 없을 것이다. 마찬가지로 도덕적인 영역에서도 옳고 그름, 선과 악에 관련된 법칙이나 원리들은 단순히 사람들이 합의해서 만들 수 있는 것이 아니다. 수학적 법칙들이 모든 사람에게 긍정이 되는 것이듯, 윤리·도덕의 원리들도 그 최초의 원리들은 모든 사람, 인간성을 소유하고 있는 모든 인간에게 긍정되는 그러한 원리들로부터 출발하지 않으면 안 된다. 물론 우리는 도덕적인 영역에서 이러한 최초의 원리가 무엇인가 하고 그 내용을 물을 수는 없을 것이다. 왜냐하면 그 최초의 것이란 어떤 내용이 아니라, 선을 지향한다는 원리이기 때문이다. 만일 선을 지향하는 이 원리가 구체적인 삶에서 나타나는 것이라면 '타인을 해치는 행위는 나쁜 것이다', '이유 없이 생명을 빼앗는 것은 악이다'라는 등의 내용들이 될 것이다. 만일 이러한 최초의 원리들, 이후의 다른 모든 원리를 규정함에 있어서 그 기초가 되는 원리들을 가정하지 않는다면, 그리하여 모든 인간적인 윤리규범이나 도덕법칙이 단지 한 문화의 공동체 구성원들이 합의에 지니지 않는다고 안다면, 불변하는 원리로서의 '진리'라는 말은 더 이상 무의미한 것이 될 것이며, 한 인간은 결코 자율적인 인간이 될 수가 없을 것이다. 왜냐하면 그는 올바른 행위를 위해서 항상 사회구성원의 합의에 의해 주어진 규범이나 법을 절대적으로 따라야 하기 때문이다.

현대의 해체주의적 정신은 더 이상 불변하는 진리 혹은 보편적인 진리를 인정하지 않으려 한다. 왜냐하면 그들은 인간은 기존의 모든 관점을 해체할 수 있고 항상 새로운 것을 합의해서 도출할 수 있다고 보고 있으며, 그래야만 한다고 생각하기 때문이다. 하지만 모든 것에는 변화할 수 있는 것과 변화할 수 없는 것이 있다. 즉 인간이 산출하고 창조할 수 있는 것이 있으며, 인간의 힘으로 어찌할 수 없는 것도 있다. 이러한 불변하는 진리들은 인간이 존중하고 지킬 수밖에 없는 것들이다. 만일 이러한 보편적인 진리들마저도 인간의 손에 넘겨지게 된다면, 이후 진리란 힘이 있는 자, 권력이 있는 자에 의해서 만들어지는 것이 되어 버린다. 이는 인생의 법칙이란 곧 약육강식의 정글의 법칙이 되어버림을 의미한다. 인간은 결코 약육강식의 법칙을 가지고는 행복할 수 없다. 인간이 인간답게 살 경우에만 행복할 수 있다는 사실은 역사 이래 문학을 통해 철학을 통해 그리고 종교를 통해 끊임없이 확인된 진리이다. 인간이 가진 불변하는 진리 중 하나는 인간은 '자유의지'를 가진 존재라는 사실이다. 인간이 자율적인 존재일 수 있는 것도 인간이 '자유의지'를 가지고 있기 때문에 가능한 일이다. 사실 인간에게 양심이 있다는 사실은 인간이 '자유의지'를 가지고 있다는 그 사실로부터도 분명하다. 토마스 아퀴나스는 "만일 그것이 선하다고 하는(좋은 것이라고 하는) 이유가 없다면, 의지는 결코 움직이지 않을 것이다(『신학대전』, 1권, 문82)"라고 말하고 있다. 인간의 의지는 그 자체 자유로운 것이어서, 결코 강압이나 외부의 압력에 의해서 움직이지 않는다. 즉 외부의 압력에 의해 행위된 것은 이미 '자유의지'의 행사가 아니다. 자율적인 사람이란 바로 자신의 자유로운 의지에 의해서 스스로 행위하는 사람을 말한다. 그런데 인간이 자유의지를 행사하기 위해서는 그 스스로 '옳다', '그르다', '선하다', '악하다'는 등의 도덕적 판단이 우선되어야 한다. 토마스 아퀴나스가 양심을 '선천적인 것'이라고 생각하는 데는 바로 이러한 최초의 도덕 판단이 사회적인 규범이니 법에 의해서 주어지는 것이 아니라고 생각하기 때문이다.

현실적인 앎actus cognitionis은 양심의 능력이나 습관을 위해 미리 요청되지 않는다. 다만 행동을 위해서 요청될 뿐이다. 따라서 양심의 능력이 생득적이라는 사실을 부정할 수는 없다. _『진리론』, 문16, 양심에 관하여, 1장

내가 구체적인 한 상황 속에서 어떻게 행동할 것인가를 결정하기 위해서는 '현실적인 앎'이 요청된다. 가령 부당하게 청구된 세금에 대해서 그것을 낸 후에 환불을 받을 것인지, 아니면 아예 내지 않을 것인지를 결정하기 위해서는 최소한의 법률지식이 필요하다. 하지만 이러한 현실적인 앎(법률지식)은 나의 행동을 위해서 필요한 것이지, 양심의 판단을 위해서 필요한 것은 아니다. 즉 '부당한 세금을 낼 수는 없다'는 판단을 내리기 위해서 특정한 법률적인 지식이 필요한 것은 아니라는 말이다. 이처럼 모든 상황에서 어떤 '옳고 그름'을 판단하는 데는 양심의 '직관적인 판단'이 필요한 것이지 구체적인 현

실적인 앎이 요청되는 것이 아니다. 이처럼 모든 상황에서 양심은 '선과 악', '옳고 그름'을 판단하는 보편적인 원리이기에 생득적인 것 혹은 최소한 '선험적'인 것일 수밖에 없다. 양심이 모든 상황에서 도덕적인 판단을 내릴 수 있는 보편적인 원리이며, 또한 누구나 탄생과 더불어 지니게 되는 '선천적인 원리'라는 차원에서 만일 누군가가 『도덕 형이상학』을 정초定礎하고자 한다면 우선적인 과업은 양심의 원리를 논하고 이 원리를 규명하는 일이다.

그런데 양심은 단지 판단하는 원리인 것만은 아니다. 토마스 아퀴나스는 양심을 선한 것, 옳은 것을 실천할 수 있게 하는 내적인 힘처럼 생각하고 있다. 그는 "양심synderesis은 항상 선만을 부추기며semper instigat ad bonum, 결코 악을 부추기지는 않는다(『진리론』, 문16, 양심에 관하여, 1장)"라고 말하고 있는데, 선을 행할 수 있도록 '부추긴다'는 것은 '내면의 명령'을 말하며, 이러한 내면의 소리가 보다 크다는 것은 건강한 양심을 소유하고 있다는 것을 의미한다. 양심은 보편적인 판단을 내림에 있어서 결코 오류를 범할 수 없고無誤性, 또한 결코 소멸될 수 없는不滅性 원리이겠지만, 선을 실천할 수 있는 내적인 힘에 있어서는 무한하게 커질 수도 거의 소멸될 수도 있다. 바로 이러한 양심의 습성 때문에 모두가 양심을 지니고 있지만, 어떤 사람은 도덕적으로 살아가며, 어떤 사람은 비도덕적으로 살아가는 것이다.

구체적인 현실적 상황 하에서 모든 것을 고려하여 최선의 도덕적인 판단을 내려줄 수 있는 사람은 행위의 주체 외에 아무도 없다. 왜냐하면 누구도 한 행위자가 처해 있는 상황에 대해서 행위자 자신보다도 잘 알 수 있는 사람은 없을 것이기 때문이다. 토마스 아퀴나스는 이 점에 대해서 매우 엄격하다. 그는 "양심이 지속하는 한 양심이 명령하는 것을 이행하지 않는다면 죄는 보다 큰 것이다. 왜냐하면 양심은 고위성직자의 명령보다 크게 의무를 부과하기 때문이다(『진리론』, 문17, 의식에 관하여, 5장)"라고 말하고 있는데, 이는 도덕적 행위에 있어서 '죄'가 발생할 경우, 상관의 명령에 따른 행위라고 해서 책임을 전적으로 명령자에게 전가할 수는 없다는 것을 말한다. 왜냐하면 그것이 죄인 것인지 아닌 것인지를 가장 잘 판단할 수 있는 자는 '행위자' 자신이기 때문이다. 하나의 행위에 있어서 모든 상황을 고려하여 최선의 판단을 내리는 것은 곧 '의식conscientia'이다. 양심은 보편적인 도덕적 판단을 내리는 것이지만, 이러한 판단을 구체적인 상황에 적용하여 구체적인 행위를 결정하는 것은 '의식'이다. 토마스 아퀴나스는 "의식하는 행위conscire란 동시적인 앎(simul scire, 복합적인 앎)의 행위를 지칭하는 것(『진리론』, 문17, 의식에 관하여, 1장)"이라고 말하고 있는데, 이는 단순히 어떤 것을 아는 것과 어떤 것을 의식한다는 것은 다른 것임을 말해주고 있다. 즉 무엇을 의식한다는 것은 다만 그것의 본질이나 속성 등을 아는 것이 아니라, 구체적인 상황에 처한 입장을 이해한 다는 것이며, 따라서 무엇을 의식한다는 것은 복합적인 앎을 동시적으로 아는 것을 말한다. 즉 교사가 무엇인지 아는 것과 내가 교사임을 의식한다는 것은 다른 것이다. 여기서 중요한 점은 인간의 의식은 항상 그 근원에 양심의 판단이 도사리고 있다는 것이며, 따라서 인간의 의식은 본질적으로 윤리·도덕 적인 특성을 가진 것이라는 점이다.

인간의 의식이 본질적으로 윤리·도덕적인 의식이라는 견해는 중요한 점을 시사해준다. '원자폭탄의 제조기술을 개발하여 폭탄을 만든 장본인인 아인슈타인은 히로시마 원폭에 대한 책임이 있는가'라는 질문은 과학자들의 과학·기술 윤리에 대한 상징적인 질문이다. 토미스 아퀴나스라면 이러한 질문에 대해 당연히 책임이 있다고 하였을 것이다. 왜냐하면 치명적인 폭탄의 제조기술을 개발하는 과학자의 의식은 이러한 행위가 어떤 비도덕적인 결과를 산출할 것인지를 이미 알고 있기 때문이다. 즉 그는 그의 양심의 소리를 외면한 책임이 있는 것이다. 자율적인 인간이란 어떤 행위나 행동을 선택함에 있어서 스스로 판단하고, 스스로 옳다고 믿는 것을 행위하는 인간을 말한다. 어떤 명령이나 법을 맹목적으로 따르는 사람은 '모범적인 군인'이나 '준법정신이 투철한 사람'은 될 수 있을지언정 '자율적인 인간'은 아니다. 자율적인 행위란 자신에게 내재하는 어떤 원리를 통해서 '스스로 자신의 행위의 주인이 되어' 옳다고 생각하는 것, 마땅한 것, 바람직한 것을 행위하는 사람을 말한다. 바로 이 내적인 원리가 '의식'이다. 이러한 자율성을 완전히 박탈당한 사람이 곧 '노예'이다. 이러한 의미에서 수많은 현대인은 사실상 노예상태로 살아가고 있다고 해도 과언이 아니다. 어떤 이들은 '돈의 노예'이며, 어떤 이들은 '권력의 노예'이며 또 어떤 이들은 '명예의 노예'로 또 어떤 이들은 '경쟁의 노예'로 살아가고 있다. 어떤 것을 위해 자신의 양심이나 의식의 소리를 전혀 듣지 않는 사람들은 곧 이어떤 것의 노예일 수밖에 없다. 현대로 올수록 인간사회는 여러 가지 이유로 점차 '인간의 존엄성'이 위협받고 있다. 그중 가장 일반적인 이유가 있다면 바로 '무엇의 노예'로 살아간다는 사실이다. 노예는 결코 행복할 수가 없다. 왕의 노예는 물질적으로 풍요를 누리겠지만, 그가 노예라는 차원에서 거기에는 인간적인 행복이 없다. 진정한 행복이란 내면 깊숙이 솟아나는 어떤 지속적인 기쁨에서 주어지는 것인데, 그의 양심이나 의식의 소리 즉 내면의 소리를 전혀 듣지 않는 노예상태란 그의 정신이 결코 그의 내면으로 향하지 않는 것과 같은 것이기 때문이다.

인간다운 사회, 행복지수가 높은 사회, 살 만한 사회를 형성하기 위해서는 사회 구성원들의 건강한 양심이 회복되고 올바른 의식에 따른 행위를 하는 자율적인 사람들이 넘쳐나야 한다. 아리스토텔레스는 윤리 · 도덕적인 앎이란 '지행합일'이라고 하였다. 이는 실천의 문제를 강조하는 말이다. 즉 아무리 올바른 것을 알고 있다고 하여도 그 올바름을 실천하지 않는다면 모르는 것이나 다름없다는 의미이다. 양심의 힘을 상실한 자는 더 이상 양심이 부추김을 느낄 수 없다. 그러기에 윤리·도덕적인 앎은 양심을 밝히고 양심의 소리에 귀 기울이는 것에서 출발해야 한다. 왜냐하면 그림을 그리면서 그림을 배우는 것과 같이, 매사에 양심의 소리에 귀를 기울이면서 건강한 양심을 보존할 수 있기 때문이다. 파스칼은 '한때 인간은 참된 행복을 지니고 있었지만, 이제는 이 행복을 상실하고 말았다'고 말하고 있다. 그 이유를 그는 '신성한 존재와의 단절'이라고 진단하고 있다. 즉 신의 목소리를 더 이상 듣지 않는다는 말일 것이다. 그 자체 불완전하고 상대적이며 세속적인 범인들이 어떻게 신의 목소리를 들을 수 있을까? 성경이나 종교적인 경전들을 통해서일 것이다. 그런데 종교적인 경전들이 말해주고 있지 않은 일상의 삶에서 그리고 나날이 발전하고 있는 새로운 영역들에서 발생하는 수많은 일에 있어서 어떻게 가능한가? 토마스 아퀴나스는 '유비적인 의미에서 양심의 소리를 듣는 것이 곧 신의 음성을 듣는 것'이라고 말할 것이다. 그는 '(도덕적)의식conscientia'에 대해서 논하면서 양심이 신으로부터 기인된 것이라면 그 무엇보다도 올바른 의식을 따르는 것이 죄를 피할 수 있는 '피난처'라고 생각하고 있다.

그는 의식이란 '어떤 앎을 우리의 삶의 여정에 적용하는 것'으로 규정하면서 이를 크게 3가지로 구분하고 있다. 첫째는 우리가 어떤 것을 했거나 빠뜨린 것을 인정하는 것, 둘째는 우리가 어떤 것을 해야 하거나 피해야 할 것을 판단하는 것, 그리고 셋째는 우리가 한 행위가 잘한 것인지 잘못한 것인지를 심판하는 것이다. 올바른 의식을 가진다는 것은 바로 이러한 의식의 기능을 충실히 이행하는 것을 말한다. 아마도 "너 자신을 알라"고 한 소크라테스의 엄명은 이러한 자신의 과거와 현재의 상황에 대해서 항상 되돌아보는 올바른 의식을 가지라는 말일 것이다. 그래야만 진정으로 행복한 삶을 영위할 수가 있기 때문이다.

6

미학:
인간은 왜 아름다운 것을
추구하는가?

1
존재의 속성으로서의 아름다움

인간의 행위를 경험적으로 고찰하자면 그 모든 것 중에서도 가장 분명한 한 가지가 인간은 '아름다운 어떤 것'을 추구한다는 사실일 것이다. 어린아이에서부터 노인에 이르기까지 누구나 예외 없이 본능적으로 추구하게 되는 것이 곧 '아름다운 것'이다. 아름다운 것을 추구하는 것은 '맛있는 음식'이나 '명예'나 '부'나 '권력'이나 '지식'이나 '진리'를 추구하는 것보다 더 분명하고, 더 지속적이고, 더 보편적인 욕구이다. 특별하고 예외적인 경우가 아니라면, 아직 어린 학생들은 '진리'에 대한 갈망이 없으며, 나이가 들면 음식에 대한 것도, 부에 대한 것도 명예나 권력에 대한 것도 소원해진다. 하지만 목숨이 붙어 있는 한 인간은 '아름다운 무엇'을 보고자 하고 느끼고자 한다. 사형을 앞둔 어느 여죄수의 마지막 소원이 화장을 하는 일이라는 일화는 어쩌면 지극히 자연스러운 현상이다. 그런 의미에서 가장 인간적인 행위가 '아름다움에 대한 추구'가 아닐까 싶다. 그럼에도 가장 인간적인 이 행위에 대해서 사람들은 그렇게 큰 의미를 부여하지 않거나 긍정적으로 보려 하지 않는 것은 무엇 때문일까?

토마스 아퀴나스는 '존재'의 속성에 대해 말하면서 '일성—性', '선성善性', '진성眞性'에 대해서 말하고 있다. 하지만 '미성美性'에 대해서는 말하고 있지 않다. 즉 존재는 그 자체 '하나이며', '선하며', '참되다'는 것이다. 그런데 왜 존재의 속성으로서 '아름다움'에 대해서는 말하지 않는 것일까? 아마도 그 이유는 '아름다움'이란 존재 그 자체가 가지는 속성이라기보다는 인간의 정신과 감성에 포착된 존재의 속성이기 때문일 것이다. 토미즘에서 존재의 속성은 그 자체 인간의 지성에 의해 직접 알려진 것은 아니라는 의미에서 '초월적인 것'이라고 말하고 있다. 하지만 조금만 다른 관점에서 생각해 보면 이러한 존재의 속성은 충분히 이해할 수 있다. 인간이 어떤 사물을 관찰할 때, 필연적으로 하나의 존재(존재자)로서 고려할 수밖에 없다. '이 나무', '저 꽃', '그 사람' 등, 인간이 관찰하는 구체적인 대상은 무엇이나 그 자체 통일되고 자기 동일성을 가진 '개별자'이다. 이 개별자는 그 자체 '완전한 하나의 존재자'로서 고려되는 어떤 것이다. "하나unum라는 것은 나누어질 수 없는 개별적 존재자ens indivisum 외에 다른 것이 아니다(『진리론』, 1권, 진리에 관하여, 문11)." 어떤 대상을 바라보면서 이 대상을 '하나의 통일된 개체'로 본다는 것은 지성의 가장 일반적인 습관이다. 마찬가지로 모든 것은 그 자체 '좋은 어떤 것bonum'이다. 이 나무, 저 꽃 등은 모두 인간에게 좋은 것이며, 자연은 그 자체 인간에게 하나의 '선물'과도 같다. 그러기에 만일 어떤 특정한 가치관을 배제한다면 자연적으로 존재하는 모든 것은 '좋은 것' 즉 '선善'으로 와 닿을 수밖에 없다. "존재하는 모든 것은 존재로서 고려되면서, 필연적으로 좋은 것(선한 것)이다. 왜냐하면 모든 것은 그의 존재를 사랑하고, 그의 존재가 보존되기를 원하기 때문이다(『대이교도대전』, 2권, 문41)." 나아가 정상적인 모든 것은 '참된 것'이다. 한 아기는 아기로서 부족한 것이 없을 때, 참된 아기라고 할 수 있다. 특별한 병을 지니고 있지 않은 사람은 '건강한 사람'이다. 이처럼 모든 것은 특별한 결손을 지니고 있지 않은 한 '참된 것'이다. 이 때문에 우리는 어렵지 않게 존재란 그 자체 '하나이고', '선하고', '참되다'는 사실을 긍정할 수가 있다. 그런데, 이러한 존재에게 그 자체 '아름다움'의 속성을 부여하지 않

는 것은 무엇 때문인가? 아마도 그것은 아름다움이 존재 자체
가 가진 속성이라기보다는 '존재의 속성'들이 가지는 어떤 속
성, 즉 '매력을 주는 것'을 의미하고 있기 때문이다. 아름다움
은 존재가 어떠한 방식으로 나타나는 그 '표상'에서 주어지는
것이기 때문이다. 다시 말해서 존재가 하나이고, 참되고, 선한
어떤 것으로 나타난다는 한에서 혹은 그렇게 감성과 지성에
게 포착된다는 한에서, 아름답게 보이는 것이다. 그렇기 때문
에 '아름다움'은 존재의 직접적인 속성은 아닌 것이다. 하지만
우리는 여전히 토마스 아퀴나스의 사상에서 '미성美性'으로서
의 존재의 속성을 끌어낼 수도 있다. 토마스 아퀴나스는 "우리
가 만나게 되는 어떤 본성들 안에서 '좋은 것(가치)'이란 이 본성이 '존
재 자체'에 귀속되는 매력appetibilis과 완성의 평가만을 더해줄 뿐이다
(『신학대전』, 1권, 문5)"라고 말하고 있는데, 이는 다시 말하면 아름
다운 것이란 '좋은 것' 혹은 '선한 것'이라는 속성을 통해서 존
재 그 자체의 매력처럼 고려되는 것을 말한다. 보다 쉽게 말
하면 '아름답다'는 것은 '좋은 것'이라는 전제하에서 인간이 느
끼는 대상에 대한 '매력의 감정'이다. 존재가 존재로서 고려되
는 한 그 존재는 선한 어떤 것을 가지고 있을 것이며, 선하기

에 어떤 매력을 지니고 있으며, '매력적'이기에 곧 아름다운 것
이다.

> 아름다움과 선은 사실 동일한 것이다. 이 둘의 유일한 차이는
> 이성의 관점에 있다. _『신학대전』, 1-2권, 문27

'아름다움pulcher이 선bonum과 동일하다'는 이러한 토마스 아
퀴나스의 진술은 사실 논리적으로 정확한 표현은 아닐 것이
다. 왜냐하면 모든 아름다운 것은 선일 수 있겠지만, 모든 선
이 아름다운 것은 아니기 때문이다. 아름다운 사람의 '아름다
움'은 그 자체 '좋은 것'일 수 있겠지만, 건강한 사람의 '건강'은
그 자체를 아름다운 것은 아니기 때문이다. 즉 아름다움은 선
의 범주에 포함될 수 있겠지만, 선이 아름다움의 범주에 포함
되지는 않기 때문이다. 따라서 선과 아름다움의 차이는 (이성
의) 관점의 다름에 있다기보다는 범주의 다름에 있다고 할 수
있다. 하지만 만일 '아름답다는 것'이 단순히 '매력이 있는 것'
이라고 한다면, '좋은 것'은 곧 '매력이 있는 것'이라는 의미에
서 선은 곧 아름다운 것이라고 말할 수도 있다. 왜냐하면 매

력적인 것의 '매력'은 그 자체 '좋은 것'이라고 말할 수 있기 때문이다. 이 경우에는 결국 언어의 문제가 된다. 아름답다는 것이 단지 외적인 아름다움을 말하는 것이 아니라, 정신적으로 어떤 매력을 주는 것까지를 포함한다면, '좋은 것'은 곧 '아름다운 것'이라고 할 수도 있게 된다. 동일한 외모를 한 사람이라면, 보다 건강한 사람이 보다 '매력이 있는' 즉 보다 '아름다운' 사람이라고도 할 수 있기 때문이다. 이러한 것은 사실 일상의 영역에서보다는 고차적인 예술세계에서 잘 드러나는 것인데, 후기 인상주의의 대표자인 고갱은 당시 파리 화단이 선호하는 그림들을 기피하고 아프리카의 원주민들의 투박한 모습과 삶을 평생 동안 그렸는데, 전문가들은 이러한 아프리카 원주민들의 투박한 삶의 모습을 '원시적인 건강미'라고 표현하고 있다. 이러한 원시적인 건강미는 자연적인 어떤 것이 가지고 있는 그대로의 모습에서 발견되는 '아름다움'이라고 말할 수 있을 것이며, 이는 곧 아름다움이 존재의 한 속성임을 증명해 주는 예라고 할 수 있다.

아름다움이 존재의 한 속성이라고 말하는 순간 우리는 아름답다는 사실이 선하다, 참되다는 것과 무관하지 않음을 알게 된다. 왜냐하면 이 모두는 그 자체 사기 완설석이고 통일된 유기적인 '하나(존재)'의 속성이기 때문이다. 선善을 지칭하는 라틴어의 '보눔bonum'은 '좋은 것'으로서 여기에는 윤리적으로 선한 것뿐 아니라, 나에게 도움이 되는 모든 것을 지칭한다. 건강에 도움이 되는 맛있는 음식도 사실 bonum의 하나이다. 그리고 당연히 아름다운 것도 bonum의 하나이다. 아름다움을 지칭하는 '풀크레pulcher' 역시도 귀중한, 값진, 유명한, 명예로운, 행복한, 당당한 등의 다양한 의미를 지니고 있다. 이처럼 선이나 아름다움을 의미하는 용어가 다른 여러 특성과 함께 쓰이고 있다는 것은 이러한 특성들이 서로 유사하게 얽혀 있다는 것을 의미한다. 즉 넓은 의미로 선과 아름다움과 참된 것 등은 서로 호환될 수 있는 개념이다. 아름다움이 존재의 한 속성이며, 선과 아름다움이 서로 호환될 수 있는 개념이라 하더라도 이 두 개념이 서로 범주적으로 동일하다고 말할 수는 없다. 토마스 아퀴나스도 이 점을 분명히 알고 있었다. 그는 감각적인 아름다움에 있어서 아름다움이란 오직 '시각'과 '청각'에 대해서만 사용할 수 있다고 말하였다.

사람들은 아름다운 광경과 아름다운 음악에 대해서 말하지만, 다른 감각들에 대해서는 아름다움을 말하지 않는다. 곧, 아름다운 맛이나, 아름다운 냄새라는 말은 하지 않는다. _『신학대전』, 1-2권, 문27

그래서 보다 정확하게는 말하자면, 아름다움과 선은 동일한 것이 아니라, 서로 호환될 수 있는 개념이며, 서로 '유비적으로 동일하다'고 말할 수 있다. 말하자면 선bonum이기 때문에 아름다운 것이 아니라, 선이기 때문에 매력appetitus을 지니며, 매력을 지니고 있기에 ─감각적으로가 아닌 정신적으로─ 아름다운 것으로 간주할 수가 있게 된다. 우리가 '아름다운 정신', '내면의 아름다움', '아름다운 영혼' 등의 말을 쓸 수가 있다면 바로 이러한 '유비적인 관점'에서이다. 이외에도 '아름다운 삶의 형식', '아름다운 생각', '아름다운 꿈' 나아가 '아름다운 봉사행위'라든가 '아름다운 기도하는 모습' 등의 말들은 모두 유비적인 의미에서 사용된 '아름다움'의 의미이며, 이러한 아름다움의 의미에는 우리의 정신과 마음에 호감을 주는 어떤 '아뻬띠투스appetitus'가 있음을 의미한다.

현대인은 '그는 얼굴은 예쁘시만 삶은 엉망이야'라든가 '성격은 좋지만 외모는 별로야'는 등의 말을 자연스럽게 사용하고 있다. 하지만 고중세의 사람들은 이러한 대립된 표현을 잘 사용하지 않는다. 엄밀하게 말해서 고중세의 사람들이 어떤 것을 '아름답다', '선하다', '참되다'고 할 때, 이는 이 어떤 것 자체가 가진 존재론적인 특성, 즉 그 존재 자체를 말하고 있다. 따라서 어떤 사람이 아름답다고 할 때 이 '아름다움'은 단지 그의 얼굴이 아름답다고 하는 것이 아니라, 그의 존재가 혹은 그의 삶 그 자체가 아름답다고 하는 말이다. 마찬가지로 그는 참된 사람이라고 할 때 이 참됨은 단순히 윤리·도덕적으로 올바르게 산다는 것만을 의미하는 것이 아니라, 올바른 정신 즉 올바른 가치관과 세계관 그리고 올바른 육체적이고 감성적인 삶을 산다고 하는 전체적인 삶을 지칭하고 있다. 여기엔 자연스럽게 '외적인 아름다움'도 포함이 된다. 이렇게 하나의 존재를 전체적으로 그리고 통일적으로 고려한 것이 중세인들의 삶의 습관이었다. 하지만 극히 세분되고 다양한 전문 분야로 나누어진 현대인의 삶에서는 '나누어 생각하는 것'이 습관이 되어 있다. 의사는 육체적 건강만을, 윤리학자는 그의 도덕적 행위나 습관만을 그리고 사회학자는 그의 사회적 직위나 역할만을 생각하고 고려한다. 심지어 구두장수는 '구두만 보고도 그 사람을 안다'는 말이 통용되는 시대이다. 이렇게 분열된 존재의 특성은 가브리엘 마르셀이 현대를 "깨어진 세계le monde caché"라고 지칭하는 데서 잘 드러나고 있다. 하지만 비록 현대인의 삶의 모습이 나누어지고 깨어지고 하더라도 인간의 근본적인 존재론적인 원리나 요구를 변화시키지는 못한다. 이 존재론적 통일성은 삶 이전의 삶의 출발점이요, 지반이 되는 근원적인 것이기 때문이다. 즉 인간은 누구나 자연적으로 자신의 존재론적 '선'을 추구하는 존재이며, 이 존재론적인 선에 대한 일차적인 요구가 '건강한 것', '아름다운 것' 등의 육체적이고 감성적인 차원의 선이다. 모리스 네동셀은 "어떤 인간도 완전하게 악하게 되거나 악마적으로 선을 이길 수는 없다"고 하는데, 그 이유는 아무리 악한 인간이라도 자신의 건강과 자신에게 아름답다고 생각되는 것을 거절하지 않는다는 사실에 있다고 한다. 즉 그가 아무리 악해도 그 악한 것보다 더 근원적인 것, 즉 악한 것을 지탱해주고 있는 것이 곧 '선한 것', '아름다운 것', '하나인 것'으로 대변되는 자신의 존재 자체이기 때문이다. 죽을 죄를 지은 죄인이라도 자신이 죽음에 처하면 살고자 몸부림을 치는 사실은 바로 이러한 진실을 대변해 주고 있다. 왜냐하면 삶을 갈망하는 것 자체가 곧 선한 것을 추구하는 것, 자기 존재에게 있어서 선한 것을 추구하는 일이기 때문이다. 병원에서 환자복이나, 감옥에서 죄수복의 디자인을 공모하는 것 등은 모두 이러한 사실을 증명해 주고 있다. 불치병에 걸린 사람이나, 사형을 앞둔 중죄인이라 하더라도 아름다운 것을 거부하지는 않는다는 것을 말해주고 있다. 결국 아름다움이란 존재가 가지는 근원적인 속성이며, 인간에게 있어서 이 아름다움은 자기 존재의 전체에서 풍겨나는 어떤 존재감이라고 할 수가 있다. 비록 아름다움이 감각적인 아름다움에서 점차적으로 정신적인 혹은 내면적인 아름다움으로 전이되겠지만, 인간이 존재하는 한, 아름다움에 대한 추구는 그의 전 존재의 계층에서 요구되고 추구되는 존재로서의 속성임은 부정할 수가 없다. 오늘날 미학이라는 것이 중요한 학문으로 부각되고 있다고 한다면, 그 이유 중 하나가 깨어진 현대사회가 이러한 '존재의 통일 혹은 일치'를 강하게 요청하고 있기 때문이라고 말할 수 있다. 미학이란 한 존재를 혹은 인간을 '아름다움을 추구하는 존재'라는 지평에서 바라보고 있으며, 이 아름다움의 지평은 감성적인 것과 지성적인 것을 아우르는 존재의 전체적인 지평에 맞닿아 있기 때문이다.

2
아름다움의 의미와 역할

토마스 아퀴나스는 아름다움은 그 자체로 가치 있는 것이며, 인간으로 하여금 보다 많은 것을 알게 하는 것이라고 생각하고 있다.

선은 그것이 선한 것이라는 이유로 추구되지만, 아름다움은 아름답기 때문에 보려고 하고 알려고 하는 욕구에서 추구되는 것이다. 시각과 청각이 이성에 봉사하듯이, 아름다움에 대해 감각들이 깨어난 사람들은 보다 많은 앎을 얻는다. _『신학대전』, 1-2권, 문27

도마스 아퀴나스의 위의 진술에는 '아름다움'이 가시는 의미와 미학과 여타 학문의 관계성을 말해주는 중요한 내용들이 포함되어 있다. 우선 선이 선한 것이기에 추구되고 아름다움이 아름답기 때문에 추구된다는 것은 선과 아름다움은 그 자체로 가치 있다는 것을 의미한다. 가치가 있다는 것은 소중하다는 것이다. 어떤 것이 그 자체로 가치가 있다는 것은 이 어떤 것이 소중한 이유가 다른 어떤 목적에 도움이 되기 때문이 아니라 그것 자체 때문에 소중하다는 것을 의미한다. 이러한 생각은 생명이 소중한 이유가 생명 그 자체에 있고, 인간이 소중한 이유가 인간 그 자체에 있는 것과 같다. 사실 존재의 속성인 모든 것은 그 자체 가치 있고 소중한 것이다. 선, 아름다움, 진리, 우정, 사랑, 정의, 생명, 삶 등은 어떤 유용성에 그 가치가 있는 것이 아니라 그 자체로서 가치 있는 것들이다. 삶의 다른 모든 유용성이나 도구성을 넘어서는 가치를 가진다는 의미에서 이러한 것들은 '초월적인 가치'라고도 할 수 있다. 하지만 그 자체로서 가치 있다고 해서 전혀 유용성이 없다는 것은 아니다. 만일 유용성을 논하자면 이러한 '초월적인 가치'들은 다른 어떤 것들보다 근원적인 유용성 혹은 궁극적인 유용성을 가지고 있다고 말할 수 있다. 이 근원적인 유용성은 인간의 궁극적인 목적인 '행복'에 기여를 하는 유용성이다. 인간이 정신을 가지고 있다는 단순한 이유만으로 인간이 행복하기 위해서는 물리적이거나 육체적인 선들만으로는 부족하다. 여기엔 어떤 정신적인 선들이 필연적으로 요청된다. 앞서 우리는 토미즘의 '행복론'에서 행복은 단순한 즐거움과는 다르다는 것을 알 수 있었다. 인간은 본성적으로 알고자 하고 이해하고자 하고 그리고 자기만의 가치관이나 세계관을 가지고자 한다. 진리에 대한 앎을 통해서만 영혼이 성장할 수 있기 때문이다. 그리고 이러한 정신의 성장 혹은 영혼의 성장을 전제하지 않는다면 한 개인이 아무리 좋은 것들을 소유하고 있다고 해도 그는 진정한 행복을 가질 수는 없을 것이다. 물질적인 소유나 감각적인 향유가 '즐거움'을 주는 것이라면, 정신적인 향유는 '기쁨'을 주는 것이기 때문이다. 여기서 '아름다움'에 대한 향유는 '즐거움'과 동시에 '기쁨'을 주는 것이라고 할 수 있다. 사실 아름다움에 대한 추구는 감각적인 것과 지성적인 것이 동시에 관여하고 있는 것이며, 인간의 감성과 정신을 이어주는 매개체라고 할 수 있다. 아름다움은 일차적으로 감각적인 행위에서 포착되고 인지되는 것이지만, 이것의 아름다움을 '알 수 있다'는 그 자체가 이미 지성적인 행위이다. 토미즘에 있어서 감성을 '지성에 관여된 감성' 혹은 '이성적인 감각'이라고 할 수 있는 이유는 감각적인 '인식'도 판단되어지는 것이라는 점에서 '이해의 작용'이라고 할 수 있기 때문이다. 이러한 지성적인 작용 혹은 이해의 작용이 가장 잘 부각되는 감성적인 행위가 곧 '아름다움'에 대한 이해와 판단이다. 바로 이 때문에 "아름다움에 대한 감각들이 깨어난 사람들은 보다 많은 앎을 얻는다(『신학대전, 1-2권, 문27』)"라고 토마스 아퀴나스는 진술하고 있다.

여기서 흥미로운 것은 '아름다움에 대한 감각이 깨어난 사람들'이라는 표현이다. 이러한 표현은 아름다움이 존재의 전체적인 지평에서 풍겨나는 '존재의 느낌'이라는 차원에서 당연한 표현이다. 인간에게 있어서 감각의 능력과 이성의 능력이 선천적인 것이라 하더라도 이러한 능력들이 제 기능을 하기 위해서는 성장을 필요로 한다. 어린아이들은 음악이나 미술이 가진 아름다움을 이해하지 못하며, 아직 지성이 충분히 발달하지 않은 청소년들은 심오한 철학 사상을 담고 있는 '앎'

과 '진리'를 이해하지 못한다. 감성과 지성은 애초에 마치 심겨진 씨앗과도 같고 이들은 삶의 경험을 통해서 깨어나야 하는 것들이다. 감각적 기능은 선천적인 것이지만 아름다움을 발견할 수 있는 감각적인 능력은 '후천적'인 것이다. 색깔이나 소리나 모양 등은 경험을 통해 배우지 않더라도 통찰할 수 있는 것들이겠지만, 이들 안에 포함된 아름다움은 누구나 통찰할 수 있는 것은 아니다. 프랑스의 현대철학자인 메를로 퐁티는 "우리가 보는 것은 우리가 주의 깊게 바라보는 것뿐이다(『눈과 마음』 중에서)"라고 말하고 있다. 인간이 본성적으로 아름다움을 추구하는 존재라는 사실로부터 아름다움은 누구나 발견하는 것이다. 하지만 그 정도나 깊이에 있어서는 사람들마다 다를 수 있다. 우리는 베토벤이 전원을 산책하면서 어떠한 아름다운 멜로디와 화음들을 발견하였는지 알 수가 없다. 마찬가지로 고흐나 렘브란트가 자연 속에서 발견한 그 색채와 형상이 어떠한 것이었는지 알지 못한다.

그렇다면 사물이나 자연 혹은 인간 속에 포함된 '아름다움'의 속성은 무엇인가? 토미즘에 있어서 아름다움의 조건들은 사실 희랍철학의 그것과 크게 다르지 않다. 그것은 조화, 균형, 비례라는 외형적인 것이다. 물론 여기에 '밝음'이라는 '빛의 요소'가 첨가된다. 토마스는 "우리는 비례적인 지체(균형 잡힌 몸매)를 가진 사람을 아름답다고 부른다(『대이교도대전』, 3권, 26장)"라고 말하고 있으며, 또한 "훌륭한 가수는 훌륭한 서예가를 사랑한다. 여기에는 조화적인 유사함이 있다. 곧, 각자는 자신의 예술 안에서 적절한 조화를 소유하고 있기 때문이다(『신학대전』, 1-2권, 문27)"라고 말하고 있다. 이러한 진술들은 아름다움이 비례와 조화를 통해서 드러나고 있다는 말이다. 훌륭한 가수는 아름다운 소리를 산출하는 사람이다. 그리고 훌륭한 서예가는 아름다운 '서체'를 산출하는 사람이다. 이 두 아름다움은 질적으로 다른 종류의 아름다움이다. 하지만 비례와 조화에 있어서는 동일한 법칙이 적용되고 있다. 그래서 한 분야에서 탁월한 사람은 다른 분야의 탁월한 사람과 서로 소통할 수 있게 된다. 서로의 예술이 가진 그 아름다움을 자신이 가진 예술적 탁월함으로 통찰할 수가 있기 때문이다. 그런데 아름다움이 비례와 조화를 통해서 나타나고 있다고 하지만 그렇다고 해서 비례와 조화가 곧 아름다움을 의미하는 것은 아닐 것이다. 가령 완벽한 몸매를 유지하고 있는 사람도 얼굴이 아름답지 않을 수 있기 때문이다. 그래서 토마스 아퀴나스는 비례와 조화란 단지 물리적인, 양적인 조화를 말하는 것은 아니라고 덧붙이고 있다. 그는 다른 차원의 비례에 대해 말하고 있다.

비례는 두 가지 의미로 말해진다. 한편으로는 양적인 규정 안에서 관계를 표현할 때 말해진다. 곧, 두 배, 세 배 등은 비례의 종류이다. 다른 한편으로는 하나의 결말에 따른 다른 어떤 것과 임의의 관계를 비례라고 한다. 이러한 의미에서는 신에 대한 피조물의 비례가 있을 수 있다. 왜냐하면 피조물과 신의 관계는 원인에 대한 결과 혹은 현실성에 대한 가능성의 관계가 있기 때문이다. _『신학대전』, 1권, 문12

양적인 규정에 있어서의 비례나 조화는 누구나 쉽게 이해할 수 있다. 그런데 원인에 대한 결과의 비례 혹은 현실성에 대한 가능성의 비례란 무엇을 의미하는 것일까? 그리고 이러한 비례가 어떻게 피조물과 신의 관계에까지 적용될 수 있는 것일까? 이는 '자기 동일성의 조화'라고 말할 수 있다. 내가 쓴 작품들, 내가 그린 그림들은 어떤 식으로든지 '나 자신의 어떤 것'을 품고 있다. 무엇이든 사기다운 것은 아름다운 것이다. 그의 존재의 속성이 거기에 드러나 있기 때문이다. 사실 이러한 자기다움을 최대한 강조하는 것이 '선화禪畵'이다. 선화에서는 어떠한 인위적인 것도 배제하면서 오직 자신의 내적인 자발성만을 강조한다. 자기다운 것이라고 해서 무조건 아름다운 것은 아니겠지만 최소한 인위적인 모든 것이 제거된 순수한 존재란 그 자체 어떤 아름다움을 지니고 있는 것이 분명하다. 따라서 원인과 결과 혹은 가능성과 현실성 사이의 비례는 '질적인 비례'라고 할 수가 있다. 하나의 작품이 작가의 본질을 보다 많이 포함하고 있을수록 이 작품은 보다 작가와 비례하고 있다. 이러한 의미에서 보다 '작가 자신의 것'이 강한 것을 보다 비례가 강한 것이라고 할 수 있다. 따라서 여기서 '비례한다'는 개념은 '유사하다'는 의미로 사용되고 있다. 산출된 것이 산출하는 것과 질적으로 유사하다는 말이다. 보다 비례가 크다는 것은 질적으로 보다 유사하다는 의미이다.

그런데 어떻게 신과 피조물 사이에 이러한 비례를 가질 수 있는 것일까? 그것은 신은 존재하는 모든 것의 원인이기 때문이다. 즉 모든 존재하는 것은 정도를 달리하여 어느 정도 신적인 것을 소유하고 있으며, 그래서 세계는 자신의 아름다움을 통해서 간접적으로 신을 계시해주고 있다. 그리고 지극히 아름다운 사람을 볼 때, ―만일 그가 유신론자라면― 신을 찬미하지 않을 수 없게 된다. 어떤 의미에서 모든 분야에서 탁월한 것은 이미 아름다운 그 무엇을 담고 있다. 왜냐하면 작품이 탁월하다는 것은 작가 자신의 어떤 것이 최대한 담겨 있다는 것을 의미하기 때문이다. 사실상 어떤 관점에서 보자면 모든 예술은 그것이 예술인 한 예술가 자신의 어떤 것을 표현하고자 한다. 대상이란 단지 '매개체'에 불과하다. 그가 장미를 그리든, 다른 사람을 그리든 혹은 그가 4계를 작곡하든 영웅의 일대기를 작곡하든 그 작품들은 이미 무의식 중에라도 예술가 자신의 어떤 것을 표현하고 있다. 그리고 이 '자신의 어떤 것'은 필연적으로 '아름다운 어떤 것'을 함의하고 있을 수밖에 없다. 존재의 제일법칙 그것은 사실상 '나르시스적인 것'이다. 자신의 아름다움에 대해 갈망하고 감탄하고 보존하고자 하는 그것이다. 이 원리는 존재의 깊은 곳에 각인된 것이어서 누구도 피해갈 수가 없다. 이러한 나르시스적인 원리는 '자기중심주의'라는 오류의 원인이 되기도 하지만, 또한 아무디 이러운 환경 속에서도 '인생은 아름다워!'라는 말을 할 수 있도록 하기도 한다. 만일 그렇지 않다면 인류의 반 이상은 자살을 하였을지도 모를 일이다.

아름다움의 기능은 이렇게 삶을 긍정적으로 받아들이게 한다. 아름다움은 고통 중에서도 어떤 기쁨을 발견하게 하고, 비극 중에서도 낙관적인 어떤 것을 발견하게 한다. 왜냐하면 아름다움은 그 자체 어떤 존재의 충만을 의미하기 때문이다. 토마스 아퀴나스는 "기쁨이 행동을 완성하듯이, 아름다움은 젊음을 완성한다(『대이교도대전』, 3권, 26장)"라고 말하고 있는데, 여기서 완성이란 충만함을 의미한다. 윤리적으로 선한 것은 좋은 것이나, 선한 것에 '기쁨'이 결여되어 있다면, 이는 불완전한 선善이다. 이는 전혀 기쁨을 주지 않는 봉사행위가 이미 참된 봉사가 아닌 것과 마찬가지이다. 따라서 아름다움을 산출하고 실현하는 예술행위는 윤리적 삶을 완전하게 하는 것과 같은 것이며, 그 자체 풍요로움을 더하고 있다. 아름다움과 선이 충만한 사회는 풍요로운 사회이다. 그러므로 고흐는 비록 물질적으로 빈궁하였으나 누구보다도 풍요로운 삶을 영위하였다고 할 수 있다. 자연과 세계 그리고 인간성에 숨겨진 가치들

은 예술가나 시인들 그리고 철학자들에 의해서 비로소 현실
화되고 이는 삶을 보다 완전하게 완성한다는 의미를 담고 있
다. 따라서 우리는 '예술이 삶을 완성한다'고 말할 수 있다. 모
든 것이 물질적이고 경제적인 가치로 측도되고 환원되는 현
대인의 사회풍토는 그 자체 환원할 수 없는 감성적 가치, 예술
적 가치를 삶에 있어서 부차적인 가치로 치부하면서 삶을 메
마르게 하고 황폐화시킨다. 그러기에 인간적 삶의 풍요, 그것
은 바로 아름다움을 통찰할 수 있는 감성의 교육에서 시작되
어야 한다.

3
사랑의 대상이자 동기로서의 아름다움

토마스 아퀴나스는 '아름다움이란 사랑의 대상이며 동기'라
고 말하고 있다.

사랑의 대상이며 농기인 아름나움에서, 사랑 사제인 성령의 모습이 이 아름다움을 취하고 있다. 그러나 이 아름다움은 일종의 충동적인 폭력을 동반하고 있는 지상의 정신과는 반대된다. _『신학대전』, 1권, 문39

아름다움이 사랑의 대상이며 동기라는 이러한 표현은 '사랑 amor'이라는 용어가 지닌 그 의미 자체에서 분명하다. 왜냐하면 라틴어나 불어에서 '사랑'의 일차적인 의미는 '대상에 대한 어떤 특별하고 강렬한 내적인 감정을 가지게 되는 것'을 의미하기 때문이다. 사람들은 돈이나, 학문이나, 예술 등에 집착할 수가 있지만 어떤 특별한 내적인 감정이나 내적인 열정을 가질 수 있는 것은 오직 '아름다운 어떤 것'에서뿐이다. 사실 라틴어나 불어에 있어서 '사랑하다'는 것과 '좋아하다'는 표현은 언어적으로 구분이 되지 않는다. 라틴어의 '사랑한다'와 '좋아한다'는 다 같이 'amor'이다. 이는 불어에서도 마찬가지다. 불어에서 'aimer' 동사는 '좋아한다'와 '사랑한다'는 표현을 동시에 지니고 있다. 이들 언어에서 사랑하는 것과 좋아하는 것에 대한 구분은 문맥에 따라서 이루어지거나 혹은 형용사를 첨가하여 구분하고 있다. 가령 '친구로서 좋아한다'고 하면 '우정'이 될 것이며, '여자친구로서 좋아한다'고 하면 '사랑'이 될 것이다. 하지만 이들 언어에서 굳이 '좋아함'과 '사랑함'을 구분하고 있지 않은 것은 '좋아하는 것'과 '사랑하는 것'은 그 자체 완전하게 구분되지 않는 본성적인 유사함을 가지기 때문이다. 이들이 구분되는 것은 사실상 행위 주체의 내적인 감정에 있기보다는 그 대상의 다름에 있다. 가령 내가 좋아하는 것이 '포도주'라면 이는 좋아하는 것이 될 것이며, 만일 그것이 '예술'이나 '인간'이라고 한다면 이는 사랑하는 것이 된다. 서구 유럽 전통에서 이렇게 '좋아함'과 '사랑함'을 애써 구분하려고 하지 않는 것은 '사랑의 배타성'을 부정하려고 하는 이들의 정신적인 기질 때문이다. '신을 사랑한다면서 이웃을 사랑하지 않는 것'은 거짓 사랑이라고 성서가 말하고 있듯이, 진정 자신의 아이를 사랑한다면 이웃의 아이도 사랑하지 않을 수 없다. 진정 사랑에 빠질 때 세상 모든 것이 아름답게 보이고 모두가 사랑스러워 보인다는 것은 누구나 쉽게 체험할 수 있는 일이다. 이렇게 볼 때 자신의 애인을 진정 사랑한다면 다른 사람들도 사랑하지 않을 수 없게 된다. 물론 여기서 '사랑'

의 그 특성이 '배타성'에 있다고 한다면, 이런 표현은 있을 수가 없을 것이겠지만 '배타적인 사랑'은 불완전한 사랑이다. 토마스 아퀴나스는 "사람들은 선에 대해서는 단순하고 순수한 욕구를 지니고 있지만, 아름다움에 대해서는 기분이 좋고 알려주려고 하는 욕구를 지니게 된다(『신학대전』, 1-2권, 문27)"라고 말하고 있다. 그런데 내가 사랑하는 존재의 그 아름다움을 어떻게 남들에게 알려줄 수 있을까? 그것은 타인을 사랑하는 것뿐이다.

그런데, 이러한 사랑이 왜 '지상의 충동적이고 폭력적인 정신'과 반대되는 것일까? 여기서 '충동적이고 폭력적인 정신'이란 무엇을 말하는 것인가? 사람들은 어떤 경우에 '충동적이 되고 폭력적'이 될까? 그것은 정신이 물질에 굴복할 때이다. 모든 폭력적인 것에는 '가치의 전도'가 내포되어 있다. 현대인은 흔히 실용주의를 가치관처럼 지니고 있다. 실용주의의 근본적인 문제는 어디에 있는 것일까? '아름다움의 가치'라는 측면에서 보자면 실용주의란 모든 존재에 속성처럼 포함된 이 아름다움을 물질적 가치로 대체시켜 버린다는 데에 있다. 아름다움은 물질적인 것으로 환원할 수 없는 것이며 따라서 소유될 수 있는 것이 아니다. 땅이나 건물은 소유할 수 있지만, 땅이 지닌 아름다움은 소유될 수 없다. 아름다움은 다만 바라보고 경탄할 수밖에 없는 것이다. 즉 땅은 주인의 것이되, 땅이 가진 아름다움은 만인이 향유할 수 있는 어떤 것이다. 실용주의에 물든 현대인의 습관은 모든 것을 경제적 가치로 환원하고자 하고 아름다움마저 소유하려고 한다. 지진이나 태풍으로 인해 피해가 발생하면 으레 피해액을 산출하고 보도한다. 하지만 이러한 경제적인 환산에 포함되지 않은 보다 큰 피해가 있다. 사랑하는 사람을 상실한 사람들의 아픔의 피해는 포함되지 않고 있다. 사랑하는 사람을 잃어버린 사람에게 그 피해를 경제적 가치로 환산해보라고 한다면 그럴 수 있을까? 마찬가지로 자신이 평생을 사랑하고 살아온 고향 산천의 아름다운 모습을 잃어버린 사람들에게 그 아름다움의 가치를 경제적 가치로 환산해 보라고 할 수 있을까? 나아가 어떤 새로운 개발 정책을 시행할 때 관료들은 어김없이 그 개발정책에 뒤따를 경제적인 이득을 산출하고 발표한다. 하지만 그 개발로 인해 파괴될 수많은 자연의 아름다움을 경제적인 가치로 환산하고 보상할 수 있을까? 현대인의 정신에는 아름다운 것이 더 이상 그 자체로 가치 있는 것은 아니다. 모든 것이 경제적 가치로 환산되어 버리기 때문이다. 실용주의는 모든 존재의 가치를 박탈하고 가치 중립화시켜 버린다. 그런 다음 실용성으로서의 가치를 내세운다. '아름다움'에 대한 내적인 감성을 완전히 상실한 사회는 끔찍한 사회일 것이다. 그런 사회는 '충동적이고 폭력적인 사회'가 될 수밖에 없다. 진정으로 아름다움을 통찰하는 정신은 결코 그 아름다움을 물질적인 이익과 교환할 수가 없다. 아마도 이러한 의미에서 '실낙원'이란 아름다움을 상실하고 가치가 전도된 바로 이 세계를 의미하는 것이 아닐까? 사랑은 본질적으로 아름다움과 관계하는 것이지 경제적 가치와 관계하는 것이 아니다. 공자는 "벗이 있어 먼 곳으로부터 학문을 논하러 와 준다면 그 얼마나 좋은 일인가?"라고 하였다. 여기서도 보다 중요한 것은 '학문을 논하는 것'이 아니라, '벗을 만나는 것'이 중요한 것이다. 학문이 문제라면 굳이 먼 곳의 벗일 이유가 없을 것이기 때문이다. 벗을 만난다는 것은 곧 사랑이요, 거기엔 세상에서 비교할 수 없는 아름다운 무엇이 있으며, 그것이 곧 추억이 된다. 모든 기억이 다 추억이 되는 것은 아니다. 오직 아름다운 기억만이 곧 추억이 된다. 아름다운 것은 나의 마음속으로부터의 깊은 애정을 이

끌어내기 때문이다.

　더 이상 아름다움을 추구하지 않는 사회에서는 예술가들도 더 이상 '아름다운 어떤 것'을 산출하지 않는다. 아니면 하이데거의 말을 빌리면 더 이상 '어떤 것을 아름답게' 산출하지 않는다. 토마스 아퀴나스는 "예술의 목적은 예술작품을 산출하는 데 있다(『대이교도대전』, 3권, 36장)"라고 말하고 있으며, "예술가가 나쁜 작품을 만들었을 때, 이는 예술 작품이 아니다(『신학대전』, 1-2권, 문57)"라고 말하고 있다. 그런데 예술작품에도 나쁜 작품이란 것이 있을까? 여기서 예술작품이란 무엇을 말하는 것일까? 사실 '나쁜 작품'이란 이미 예술작품은 아닐 것이다. 나쁜 작품이란 그 자체 모순되는 말이기 때문이다. 고중세에 있어서 예술이란 '탁월함'을 의미하며, 예술작품이란 범상한 것을 넘어서는 탁월한 어떤 것을 말한다. 그런데 나쁜 작품이란 '평범한 것보다 못한 탁월한 것'이라는 언어도단이 되어버리기 때문이다. 토마스 아퀴나스도 이 사실을 잘 알고 있다. 그래서 그는 곧 바로 "더 나아가 이는 예술과 반대되는 것이다(『신학대전』, 1-2권, 문57)"라고 덧붙이고 있다. 토마스 아퀴나스는 학문과 예술은 모두 선善, bonum을 지향하며, 그러기에 이 둘을 모두 '덕德 virtus'이라고 말하고 있다. 학문의 덕이 '진리'라고 한다면, 예술의 '덕'은 '아름다움'일 것이다. 만일 예술작품이 아름다움을 상실하고 있다면, 여기서 예술의 덕은 무엇이란 말인가? 물론 예술도 '진리'를 표현하고, '소통'을 겨냥하는 수단이 될 수 있다. 하지만 이러한 목적은 예술의 본질적인 목적은 아니다. 오직 진리를 전달하고 소통을 위한 것이라면 굳이 '예술'이라고 할 필요도 없을 것이다. 다만 학문의 또 다른 방법 혹은 또 다른 형태의 기술이라고 할 수 있을 것이기 때문이다. 오늘날 많은 사람들이 예술가들의 작품을 이해하기를 바란다. 하지만 아름다운 석양이나, 아름다운 새소리를 이해하고자 하지는 않는데, 왜 예술작품은 이해하고자 하는 것일까? 보아서 즐거운 어떤 것, 즉 아름다운 것이 결여되었기 때문이 아닐까? 아름다움은 이해를 요구하지 않는다. 붉게 타는 단풍을 감상하는 데 이해가 필요 없듯이 아름다움은 직접적인 통찰에 의해 주어지는 직관적인 것이기 때문이다. '예술을 위한 예술'이란 것이 진정 의미 있는 것이 되려면, 여기서 지향하고 있는 의미는 오직 '아름다운 어떤 것'을 혹은 '어떤 것을 아름답게' 제시하는 '창조적인 행위'만으로 충분한 그러한 예술을 말하는 것이 아닐까?

4

피안彼岸으로서의 예술

'피안'이란 종교적인 용어이다. 이 용어가 지칭하는 것은 각
박하고 고단한 현실을 피해 안전하게 휴식을 취하는 것을 의
미하는 것으로, 사상적 도그마를 넘어 동서양의 모든 종교에
해당하는 용어이다. 따라서 '피안의 세계'는 고통스럽고 불안
한 현실의 세계를 피해 정신적인 평화를 누릴 수 있는 어떤 관
념적인 세계를 말한다고 할 수가 있다. 현대의 실존주의자들
은 인간의 현존재의 모습을 '갈등하고', '불안한' 존재라고 분
석하고 있는데, 그 이유는 인간이란 '진행형의 존재'이며 완결
혹은 완성이란 이 현세에서는 주어지지 않기 때문이다. '키르
케고르'는 인간이란 매 순간 '이것인가 혹은 저것인가' 하는 선
택을 감행해야 하는 갈등하는 존재로 보았고, '하이데거'는 인

간이란 항상 의미와 무의미이 반복을 되풀이하는 존새라고 보았다. 사실 이러한 분석은 인간이 무엇인가를 향해 나아가는 '여정의 존재'라는 사실로부터 정확한 분석이다. 더 이상 갈등이 없이 매 순간 옳은 것만을 선택하는 사람 혹은 더 이상 무의미함이 없이 항상 충만한 실존으로 사는 사람이 있다면 그는 도道를 깨친 도인이거나 성인일 것이며, 정상적인 인간이라면 끊임없는 실존의 권태를 체험할 수밖에 없다. 이러한 의미에서 '인간은 누구나가 어느 정도 정신적인 병을 앓고 있다'는 키르케고르의 말이나, '누구나 최소한의 우울증을 가지고 산다'는 라캉의 말은 일리 있는 말이다. 무의미한 순간, 그리하여 공허한 실존을 느낄 때 인간은 무엇을 하는가? 일반인이라면 분명 기분전환을 추구할 것이다. 하지만 그것이 어떤 것이든 단순한 기분전환은 이러한 권태를 해결해주지는 못한다. 왜냐하면 기분전환이란 다른 어떤 것에 몰두하면서 현재의 상태(실존적 상황)를 잠시 잊어버림을 의미하는 것이지, 나의 공허한 실존을 채워주거나 변화시켜주는 것이 아니기 때문이다. 우리는 기분전환이 끝남과 동시에 더 큰 공허를 발견하는 경우가 종종 있는데 이는 이러한 사실을 잘 증명해 주는 예라

하겠다.

삶이 무의미하게 느껴질 때, 공허한 실존을 느낄 때, 만일 기분전환을 하지 않고 이를 있는 그대로 수용하고 견디어 낸다면 인간에게 어떤 일이 일어날까? 대부분의 심리학자들은 '향수'를 느끼게 된다고 한다. 이러한 인간실존의 자발적인 욕구로서의 '향수'란 무엇을 말하는가? 무엇에 대한 향수인가? 말 그대로 어린 시절의 '고향'에 대한 그리움인가? 사람에 따라서는 그럴 수도 있을 것이다. 그런데 고향을 전혀 알 수 없는 고아들에게 있어서 '향수'를 느낀다는 것은 무엇을 의미하는 것일까? 사실상 이러한 인간 실존의 자발적인 욕구로서의 '향수'라는 말은 구체적인 어떤 것에 대한 그리움이 아니라, '막연한 것', '아득한 것', '희미한 것'에 대한 그리움이다. 그래서 문학자들은 이러한 향수를 '동경하는 어떤 것'에 대한 그리움이라 하고, 철학자들은 '어떤 근원적인 것'에 대한 그리움이라고 한다. 종교적으로 보자면 이는 자신이 온 곳에 대한 그리움 혹은 마침내 가야 할 곳에 대한 그리움이다. 즉 강하게 말하자면 '구원'에 대한 그리움이다. 그러나 엄밀하게 말해서 이 지상의 삶을 살면서 구원을 원한다는 것은 철학적으로 보사면 모순된 것이다. 왜냐하면 여정의 삶에 있어서 구원이란 여정의 목적지에 이르는 것을 말하기 때문이다. 그리스도교에서 보자면 엄밀하게 말해 구원이란 지복을 성취하는 것, 즉 천국에 이르는 것을 말하며, 불교에서도 구원이란 이 지상의 삶의 희·노·애·락을 벗어난 해탈의 상태를 의미하기 때문이다. 그렇다면 이러한 향수에 응답할 수 있는 것은 무엇인가? 그것은 구원을 앞당겨 체험하는 것이거나, 구원 비슷한 어떤 것을 체험하는 일이다. 전자는 종교일 것이며, 후자는 곧 예술이다. 신학자들은 이러한 것을 '피안'이라고 한다. 그렇다면 이러한 피안이란 어떠한 상황을 말하는가? 그리고 종교의 무엇이, 예술의 무엇이 이러한 피안을 제공하는가?

종교철학자 베른하르트 벨테는 "모든 신앙적 행위는 덧없이 스쳐가는 시간의 흐름 속에서 영원을 선취^{先取}하는 것과 같은 것(『종교철학』, 중에서)"이라고 하였다. 모든 인간의 삶이 의미와 무의미 사이에서 오락가락하며, 존재와 비존재의 반복이라고 한다면, 이러한 반복은 인간에게 종결을 갈망하게 한다. 하지만 시간성 안에서 종결이란 있을 수 없다. 그래서 불교에서도 '인생은 고^苦'라고 한다. 종교 역시 '임시적인 것'일 뿐 완전한 종결은 어디에도 없다. 하지만 종교는 위로 향한 인생의 진정한 종결을 '절대자'로부터 확약받고 있다. 이러한 확약을 신앙행위를 통해 체험하는 것이 종교적 행위의 본질적인 국면이다. 이는 비록 영속적인 것은 아니라 하더라도 '의미'와 '무의미'라는 인생의 불안으로부터 이탈하게 한다. 철학적으로 말하자면 나의 실존이 구원을 향한 한 단계 높은 지평으로 들어 올려지는 상황이다. 비록 잠시의 순간이나마 나의 존재는 '인생의 무의미'에서 이탈하여 '안정'과 '평화' 혹은 '충만'을 체험하는 순간이다. 즉 모든 종교적 행위는 그것이 진정으로 종교적일 때, 인간실존의 자발적인 욕구로서의 '근원적인 향수'에 응답하고 있다. 이것이 바로 '피안'이다. 그러나 인간이 본질적으로 이성적인 존재이며 또한 시간성과 구체적 상황 안에 존재할 수밖에 없는 '현존재'의 양태를 가지고 있기 때문에, 자기초월을 요청하는 이러한 종교적인 피안을 얻기란 참으로 힘든 일이다. 보다 수월하게 '피안'을 체험할 수 있는 것은 오히려 예술이다. 예술은 그것이 진정한 예술이라면 이러한 힘겨운 자기초월을 요청하지 않고서도 일종의 '피안'을 허락하는 어떤 것이다. 그리고 그 한 중심에는 '아름다운 것'의 구현이라는 인간의 원초적인 욕망이 실현되고 있다. 예술이 '피안'을 제공하는 이유는 두 가지이다. 한 가지는 예술은 그 자체 목적인 어떤 행위라는 것이며, 다른 한 가지는 예술은 잠정적이지만 '자기완성'을 맛보게 한다는 것이다. '피안'이 근본적으로 이 현세의 삶에 대한 '피신'이라는 의미에서 진정한 피안은 현재의 삶을 대신할 수 있는 혹은 현세의 삶을 잠시 잊을 수 있는 그 무엇을 제공하여야 한다.

인생에 있어서 그 자체 목적인 것은 무엇이 있을까? 사실상 아리스토텔레스적인 목적론적 세계관에서 그 자체 목적인 것은 최종적인 목적밖에는 없다. 왜냐하면 하나의 것은 항상 보다 궁극적인 목적을 위한 매개체이기 때문이다. 하지만 그럼에도 불구하고 그 자체 목적인 것들이 있는데, 그것은 '우정과 사랑' 그리고 '예술'이다. 보다 정확히 말하면 이는 '잠정적으로' 그 자체 목적인 것들이다. 어떤 것을 수단으로 하는 우정이나 사랑은 이미 진정한 우정이나 진정한 사랑이 아니다. 마찬가지로 예술도 그것이 진정한 예술이라면 그 자체 '목적'인 것이어야 한다. 기타 연주자의 목적이 기타 연주인 것처럼, 음악에 있어서 예술행위의 목적은 '예술행위' 그 자체에 있으며,

건축가의 목적이 완성된 건축에 있는 것처럼 조형예술의 경우에 예술행위의 목적은 '완성된 작품'에 있다(『신학대전』, 1-2권, 문57). 그래서 "예술의 목적은 오직 예술작품을 산출하는 데 있을 뿐이다(『대이교도대전』, 3권, 36장)." 조각가나 화가가 하나의 조각, 하나의 그림을 완성하였을 때 그는 비록 잠정적이기는 하지만 자신의 행위가 완성되었음을 맛보게 된다. 완성은 휴식을 의미하며, 비록 잠정적인 것이긴 하지만 예술가의 완성된 작품은 자신의 삶과 인생을 종결지어 준다. 마치 대나무의 마디처럼 예술가의 예술행위는 자신의 작품이 완성되는 순간 일종의 자기종결을 체험하게 된다. 비록 최종적인 완성은 아니겠지만, 예술가는 작품 행위를 통해서 잠정적인 자아완성을 체험하는 것이다. 이 '임시적인 완결'은 일종의 피안을 제공하며, 이 완결 속에서, 이 피안 속에서 본질적인 것의 하나는 '참으로 아름다운 자아 혹은 세계가 여기에 구현되어 있다'는 사실이다. 즉 그것이 어떤 이름의 '아름다움'이든 거기에는 참으로 '보기에 좋은 어떤 것'이 구현되어 있는 것이다. 그리고 이러한 작품들은 사람들에게 '아름답기 때문에 보려고 하고 알려고 하는 욕구'를 유발하게 된다. 왜냐하면 "형상은 행위의 원리이기 때문이다(『신학대전』, 1-2권, 문57)." 작품 속에서 드러나는 아름다움의 형상은 사람들로 하여금 아름다움을 통찰하는 감성적인 것을 일깨우고 아름다움을 향유하고자 하는 자아의 근원적인 욕구에 응답하면서 사랑의 감정을 유발하게 된다. "사랑은 일종의 법열을 유발한다. 어떤 것에 대한 깊이 있는 명상은 다른 모든 것을 잊게 하는 것처럼, 사랑하는 자에 대한 주의 집중은 다른 모든 것으로부터 이탈하게 하기 때문이다(『신학대전』, 1-2권, 문28)." 사람들은 작품을 통해서 일깨워진 이러한 사랑의 감정이 추하게만 느껴졌던 인생에서 삶의 아름다움을 통찰하게 하고, 이러한 사랑의 감성 때문에 고통스럽고 비극적으로만 보였던 현세의 삶이 놀라운 모습으로 탈바꿈하고 있는 것을 발견하게 된다. 예술은 비록 잠정적이기는 하지만 진정한 하나의 '피안'을 제공해 주는 그 무엇이다.

이러한 토미즘의 예술에 대한 이해는 현대의 철학자들의 사유와 놀랍게도 일치하고 있다. 진정한 예술작품이란 ─'하이데거'의 말을 빌리자면─ '존재로의 열림을 가능하게 하는 예술가의 실존이 보존되어 있는 창작물'을 말한다. 반면 단순한 공작물에는 공작행위가 끝나는 순간 공작인의 실존이 소멸되고 보존되지 않는다. 그리고 ―'베르그송'에 의하면― 진정한 예술작품이란 우리를 대상의 존재 그 자체와 교감하게 해주는 것, 그리하여 우리의 영혼을 진동하게 하는 어떤 것이라고 할 수 있다. 말하자면 예술작품이란 예술가가 체험한 그 '임시적인 종결', 그 '존재로의 열림', 그 '영혼의 전율'을 느끼게 해주는 창작품이다. 이는 '보기에 좋은 어떤 아름다운 자아 혹은 세계'가 구체적인 형상을 통해 구현된 것을 말하는 것이며, 이 형상을 통해서 이를 감상하는 모든 이가 이러한 피안의 체험을 간접적으로 경험하게 된다. 일상의 권태나 실존의 무의미함을 벗어나 이러한 '피안'을 맛보게 하는 것은 비단 예술작품뿐이 아니다. 그것이 사람이든 풍경이든 예술작품이든 아름다움을 간직한 그 무엇은 바로 이러한 피안을 제공하는 것이며, 이러한 의미에서 진정한 '미美'는 구원을 향한 여정에 작은 디딤돌이 된다. 만일 현대인이 현대의 다양한 예술작품에서 우리의 실존의 권태를 해방시켜줄 어떤 것을 더 이상 발견할 수 없다고 한다면, 토마스 아퀴나스는 그 이유를 '진정한 미적 체험'의 부재不在에 있다고 할 것이다. 이러한 토미즘의 고전적인 미학에 대해서 케빈 월은 다음과 같이 요약해 주고 있다.

명상이 자아-소유로 가는 도상에서 가지는 특성은 통찰인데 이것은 아직도 통과해야 할 거리가 무한하다는 인식을 내용으로 하는 통찰이다. 이것은 그 통찰을 불안하게 한다. 윤리성도 역시 불안하다. 왜냐하면 최종적인 선을 소유하는 휴식에 아직 도달하지 못했기 때문이다. 심미적인 체험만이 소유하는 안정감과 만족감과 그리고 종점에 도달했다는 느낌을 갖는다.

_ A classical philosophy of Art, 제1장

7

영성: 구원은 어디서 오는가?

1
영성이란 무엇인가?

'영성靈性'이라는 말은 현대적인 용어이다. 영어로는 'spirituality', 불어로는 'spiritualité'로 표현되는 이 용어는 인간 현상의 가장 심오한 어떤 것을 지칭하는 용어로 '종교적인 삶'의 형식 혹은 '종교적인 정신'을 지칭하는 용어라고 볼 수 있다. 따라서 이 용어가 구체적으로 무엇을 의미하는가 하는 것은 이 용어를 사용하는 사람이 어떠한 종교를 가지고 있는가 그리고 종교를 가진 사람인가 아닌가에 따라서 달라질 수 있다. 어떤 의미에서는 종교나 종교적인 삶의 영역에서 이 용어만큼 보편적인 언어는 없다고 할 수 있다. 불교 영성, 기독교 영성, 힌두 영성, 이슬람 영성 등 거의 모든 종교에서 이 용어를 사용하고 있으며, 또한 가톨릭에서는 특정한 사람이나 수도회의 정신에 영성이란 표현을 전혀 거부감 없이 사용하고 있다. 가령 아우구스티누스 영성, 십자가의 성요한의 영성, 가르멜 영성, 베네딕트 영성 심지어 평신도 영성이란 말도 주저함 없이 사용하고 있다. 만일 철학적으로 '영성'이란 용어의 의미를 규정하고자 한다면 이 모든 것을 포함하는 보편적인 규정이어야 할 것이다. 아마도 이 모든 것을 포함하면서 또한 '영성'이 가진 그 본질적인 의미를 잘 표현해주는 용어가 있다면 ―사실상 철학적으로 매우 사용하기가 거북하지만, 또한 달리 보다 좋은 용어가 없는 만큼― '구원'이라는 용어일 것이다. 모든 종교에서 한 가지 공통되는 사실은 '인생이란 구원되어야 할 무엇'으로 보고 있다는 진리이다. 이는 진정한 종교라면 있는 그대로의 인간의 삶을 궁극적으로는 긍정하지 않는다는 것을 의미한다. 이는 진정한 행복, 궁극적인 행복, 최종적인 선, 완전한 충만, 절대적인 자유, 절대적인 평정, 절대적인 진리 등이 있는 그대로의 인간적인 삶에서는 주어지지 않는다는 것을 의미하며, 그럼에도 이러한 것이 가능하다고 믿거나 최소한 이러한 것을 '약속'하는 것이 곧 '종교'라는 의미이다. 영성은 바로 이러한 것을 향해 나아가는 '구체적인 영혼의 삶'을 지칭한다고 말할 수 있다. 종교가 배제된 윤리학도, 미학도 이러한 '구원의 약속'을 보증하지는 않는다. 오직 영혼의 내밀한 삶에서 초월적인 세계로부터 주어지는 어떤 '신성한 빛'을 통해서만 이러한 '구원의 약속'이 가능한 섯이다. 그런 의미에서 소크라테스나 플라톤은 최초의 영성가들 혹은 '익명의 영성가들'이라고 말할 수 있다.

2
크리스천 영성의 의미

영성靈性이란 주제는 크리스천의 삶에 있어서 본질적인 것이다. 그럼에도 불구하고 영성이란 주제는 철학적으로 잘 다루어지지 않았다. 근대 이후 영성이 철학적 분야에서 잘 다루어지지 않았던 이유는 칸트 이후 실증주의 등에서 영혼에 대한 주제는 철학적인 주제가 아닌 신학의 분야라고 생각한 때문일 것이다. 즉 신학과 철학이 마치 서로 독립된 다른 분야의 학문으로 취급되었으며, 그리하여 영성의 문제는 마치 철학과는 이질적인 문제로 취급된 것에 있다고 볼 수 있다. 이에 대해 길희성 교수는 다음과 같이 요약해 주고 있다.

주지하는 바와 같이, 서양 중세는 신학과 철학이 조화를 이루며 철학이 영성과 신비주의적 성격을 지닌 시대였다. 그러나 종교개혁 이후 신학과 철학, 신앙과 이성이 다시 첨예하게 대립하면서 각기 제 갈 길을 가게 되었고, 데카르트 이후의 근대 철학에서도 지성과 영성은 이질적인 것이 되어 버렸다. 나는 이것이 서구 신학의 비극이며 현대 서구 사상이 겪고 있는 영적 빈곤의 근본 원인이라고 생각한다. … 초월을 포기하고 '형이상학의 극복'을 무슨 전리품인 양 자랑하는 서양 근현대 철학은 인간의 가장 깊은 정신적 욕구를 충족시키지 못한다고 나는 생각한다.*

위에서 길희성 교수는 현대인의 영적인 빈곤은 철학이 더 이상 인간의 가장 깊은 정신적인 욕구를 해결해주지 못하고 있기 때문이라 설명하고 있다. 여기서 인간의 가장 깊은 정신적인 욕구란 말할 것도 없이 '영성에 대한 갈망'을 의미하고 있다. 영성이 '인간의 가장 깊은 본성적 요구'를 의미한다

* 길희성, 『마이스터 엑카르트의 영성 사상』, 분도출판사, 2003, 5-6쪽.

는 측면에서 영성의 주제는 인간의 행복이나 구원 등의 문제와 직접 연관된 문제이며, 보편적인 인간성의 문제이다. 때문에 영성은 그리스도교 철학에서 최종적으로 다룰 수밖에 없는 중요한 주제이다. 그럼에도 근대 이후 영성은 철학적인 영역으로부터 물러나 신학적인 분야나 종교적인 분야에서만 다루어지고 있다는 사실은 그만큼 현대인의 정신은 '구원의 빛'을 거부하고 있다는 것을 의미한다. 이러한 사실은 "빛이 세상에 왔지만, 세상은 그 빛을 거부하였다(「요한」, 3, 19)"는 성서적인 진리가 어느 한 시대의 진실이 아니라, 인류의 역사가 일반적으로 되풀이하는 오류임을 말해주고 있다.

영성에 대한 개념은 역사를 달리하면서 그 개념 또한 달리 해왔다. 영성을 지칭하는 영어의 'spirituality' 혹은 불어의 'spiritualté'는 우선적으로 육체적인 것에 대립하는 '정신적인 것' 혹은 외면적인 것에 대립하는 '내면적인 것'을 의미한다. 그리고 이러한 '정신성'이라는 용어가 특수하게 종교적인 삶에 적용될 때는 '세속적인 것'에 대립하는 '영적인 것' 혹은 '신성한 어떤 것'의 의미를 지니고 있다. 불어권의 영성에 관한 전문서적인 『영성의 파노라마』*에서는 이러한 영성의 기원이 된 개념을 3세기경 나타난 '신비주의Mystique'로 보고 있으며, 후일 이를 '신비신학Théologie mystique'이라고 명명하였고, 18세기까지 사용되었다고 기술하고 있다. 이 저서에서는 '영성spiritualté'이라는 용어는 "종교적인 삶에 있어서 내면화되고 통일된 삶" 혹은 "신과 관계 안에서의 영혼의 삶" 혹은 "종교적 주체의 내밀한 신적神的인 삶" 등으로 규정하고 있다. 만일 이러한 정의를 보다 보편적이고 일반적인 철학적 용어로 표현하고자 한다면, 그것은 '대다수의 종교의 한 구성요소를 이루고 있는 '초월적 신비un au-delàmystique에 대한 체험'이라고 할 수 있다. 그리고 이러한 초월적인 것에 대한 체험이 전혀 없다면 그것은 종교라고 할 수 있는 것은 아닐 것이다. 초월적인 것에 대한 체험은 체험 그 자체가 중요한 것이 아니라, 이러한 체험을 통해서만이 비참하고 불행한 현세의 삶에서 '구원의 빛'을 수용하거나 최소한 이러한 빛을 약속받을 수 있다는 점이 중요한 것이다.

크리스천의 관점에서 이러한 초월에 대한 체험은 '신神적

---

* 하이몽 다리코 & 베이나르 페이루스, 『영성의 파노라마』, 이명곤 옮김, 성요셉출판사, 2008.

체험' 혹은 '신의 현존에 대한 체험'을 의미한다. 영성석인 삶
이란 이러한 '신의 현존을 통한 삶' 혹은 '신적 현존과 함께하
는 삶'이라고 할 수 있다. 따라서 크리스천의 지평에서 '영성'
이란 구원으로 향하는 여정의 길이며, '영성적인 삶'이란 바
로 이러한 것을 일상의 삶 안에 실현하는 것 혹은 일상적으
로 살아가는 삶이라고 말할 수 있다. 만일 여기서 '단순한 신
앙의 삶'과 '영성적인 삶'의 차이를 말하고자 한다면, 그것은
실제적인 체험의 여부라고 할 수 있다. 사실상 신앙을 가지
기 위해서 '특수한 신적 체험'이 요청되지는 않는다. 많은 경
우 단순한 신앙인이라면 '신적 현존의 체험'이란 특수하게 그
리고 아주 드물게 주어지는 것이며, 일상적인 삶의 형식으로
지니고 있는 것은 아닐 것이며, 그럴 필요도 없을 것이다. 왜
냐하면 신앙을 형성하는 믿음은 반드시 신적 체험을 전제하
는 것은 아니기 때문이다. 하지만 '영성적인 삶'을 영위한다
는 것은 이것이 어떠한 형태든 이러한 신적인 현존의 체험을
자신의 삶의 가장 중심되는 원리로 삼으며 살아가는 삶을 말
하고 있다. '베네딕트 영성', '아우구스티누스 영성', '가르멜
영성' 등의 용어는 이러한 크리스천적인 영성이 구체적인 한

개인 혹은 한 단체를 통해서 개별적으로 실현되는 삶의 특수한 형식에서 주어지는 것이며, 사람들은 이러한 개별적인 영성을 주로 성인들의 삶에서 발견하고 있다. 대개의 수도회가 그 수도회를 설립한 성인들의 영성을 전통적으로 유지하고 있는 이유는 이러한 성인들의 삶을 통해서 '영성적인 삶'이 가장 잘 드러나고 있으며 또한 각각의 성인들은 그들만의 '고유한 영성'을 제시해주고 있기 때문이다. 넓은 의미에서 성인들이 있는 만큼 다양한 영성들이 있을 수 있는 것이며, 따라서 '성 토마스의 영성'이라는 말도 지극히 자연스러운 용어라 할 것이다.

3
크리스천 영성의 특징: 사랑의 역동성, 내면성, 초월성

모든 성인聖人은 각자 고유한 자신만의 영성을 제시하는 것처럼 나타난다. 그럼에도 불구하고 이들이 동일한 신, 동일한 믿음, 동일한 세계관을 소유하고 있다는 점에서 이들의 영성은 어떤 공통된 지반을 가지고 있음이 분명하다. 우리는 이들의 영성에서 공통되는 점들을 모아 전체적으로 '크리스천 영성'이라고 부를 수 있다. 하나의 동일한 영성의 기반 위에서 각자 자신들의 시대가 요구하는 긴박한 사도적 요청이나 혹은 개인적인 특성에 따라서 —이를 우리는 소명 혹은 성소라고 부를 수 있다— 다양한 개별적인 영성으로 나타나고 있다. 따라서 우리는 개별적인 성인들의 영성을 말하기에 앞서 이들에게 공통되는 '크리스천 영성' 혹은 보다 구체적으로 '가톨릭 영성'에 대해서 간략하게 말할 수 있으며, 이러한 보편성 혹은 일반성의 위에서 비로소 '성토마스 아퀴나스의 영성'에 대해서 공감할 만한 논의를 할 수 있다.

① 사랑의 역동성: 가장 보편적인 '크리스천 영성'의 특징이라면 모든 영성은 우선적으로 복음서의 영성을 그 근간으로 한다는 것이다. 서로 너무나 다르게 나타나고 경우에 따라서 상반되는 것 같은 영성들도 실상은 마치 동일한 태양 빛이 프리즘을 통해 다양한 색깔로 나타나듯이 복음서의 영성이 각각

의 성인들의 개별적인 실존을 통해서 다양한 색채를 가지고 나타나는 것이라고 할 수 있다. 이 복음적 영성이란 인간에 대한 '신의 사랑을 증거하는 것'과 정의와 자비를 통한 '이웃에 대한 사랑'을 촉구하는 메시지의 전달이라고 요약할 수 있다. 인간을 향한 신의 사랑과 이를 통한 이웃에 대한 사랑은 모든 시대의 성인들에게 있어서 공통되는 것이며, 그러기에 한 시대의 성인의 존재는 마치 그 시대의 절박한 요청에 응답하는 신의 선물이라고 할 수 있다. 따라서 크리스천 영성은 그 자체 역동적이며, 동일한 사랑의 본질 아래서 항상 새로운 모습을 띤 새로운 영성이 나타날 수 있다.

② 내면성: 모든 영성은 영성이라는 차원에서 내면적인 어떤 것이다. 한 성인의 영성은 그의 삶과 그의 업적을 통해서 드러나는 것이지만, 이러한 삶과 업적이 그를 성인으로 만드는 것은 아니다. 드러나는 업적은 어디까지나 그의 영성 혹은 성성聖性의 결과물일 뿐이며 그를 성인으로 만드는 것은 어디까지나 그가 지닌 그의 영성 혹은 성성이다. 이러한 사실은 사람들이 한 예술가를 예술가로 파악하는 것은 그의 작품을 통

해서이지만, 그를 예술가로 만드는 것은 그의 작품이 아니디 그가 내면에 지니고 있는 예술성인 것과 마찬가지다. 작품은 어디까지나 그의 내면에 있는 예술성의 결과물일 뿐이다. 이는 우리가 '선한 사람' 혹은 '의로운 사람'이라고 칭하는 경우에도 마찬가지이다. 그가 선하거나 의로운 것이 그가 선한 행위를 하거나 의로운 행위를 했기 때문이 아니라, 그가 그의 내면에 선함과 의로움을 지니고 있기 때문이다. 행위는 다만 이러한 내적 존재의 결실일 뿐이다. 따라서 우리는 모든 성인의 고유한 영성들은 그들의 내면에 지니고 있는 어떤 신성한 삶, 신적 현존과의 내밀한 관계의 표현이라고 할 수 있다. "내 안에 머물러라. 나도 너희 안에 머무르겠다(「요한」, 15, 4)."

③ 초월성: 모든 영성적인 삶은 어떤 '초월적인 것'을 내포하고 있다. 영성이란 처음부터 주어진 것이 아니라 지속적인 노력과 시련 그리고 은총이라는 종교적 삶을 통해 '실현된 어떤 것'이다. 그러기에 여기에는 마치 예술가들의 창작과 유사한 어떤 것, 즉 이전에는 존재하지 않는 새로운 것이 존재한다. 그런데 영성적인 삶에서 '새로운 것'이란 단순히 형식적

인 다름이 아닌 본질적으로 다른 것으로 현재의 것 혹은 이 세상의 것을 넘어서는 '새로움'이다. "너희는 이 세상에 속하지만, 나는 이 세상에 속하지 않는다(『요한』, 8, 23)." 이는 일종의 '신성함'이 내포된 새로움이다. 루이 라벨은 이러한 초월적인 것을 "초성화超聖化, surnaturalité"(『성인들의 세계』, 1장)라고 부르고 있는데, 이는 자연 안에서 자연을 넘어서는 것, 인간 안에서 인간을 넘어서는 것으로서 자연과 인간의 '궁극적인 목적'과 관련된 것이다. 아마도 성 프란치스코의 영성에서 이러한 자연 속의 '초월적인 것'은 '신의 현존'과 다름이 아닐 것이다. 이는 합리적이고 상식적인 것을 넘어서는 어떤 것으로 철학적으로는 '초-자연적인 어떤 것'이라고 말할 수 있다. 가령 '십자가의 성 요한의 영성'에 대해서 말하고 있는 한 텍스트(가르멜 수도회, 『빛나는 밤-십자가의 성 요한의 영성입문』)는 요한 성인의 삶은 존재하는 모든 것에 "초자연적인 맛"을 부여한다고 진술하고 있다. 이러한 초자연적인 것에 대한 환기는 결국 인간으로 하여금 자연과 세계를 단순히 주어진 것이 아닌 '선물'로 여기게 만드는 것이며, 존재하는 모든 것에 비교할 수 없는 가치를 부여한다. 영성은 세상 안에서 세상 이상의 것을 발견하고 이로써 주어진 현실에 한층 높은 가치를 부여해주는 어떤 것이다.

크게 세 가지 특징으로 분류해본 이상의 크리스천 영성들의 공통적인 특징들은 본질적으로 새로움과 다양성을 안고 있는 크리스천 영성의 전부는 아닐 것이다. 사람에 따라 무수한 다른 개념을 통해 그 특징을 분류하고 규정해 볼 수 있음은 당연하다. 하지만 이상의 것들은 모든 크리스천 영성에서 강하게 부각되고 있는 본질적인 특징들이라고 할 수 있다. 우리는 토마스 아퀴나스의 사상에서 무엇이 이러한 세 가지의 특징으로 나타나고 있는지 확인할 수 있다.

4

토마스 아퀴나스의 영성

사랑의 봉사자

토마스 아퀴나스의 전기를 읽다보면 대다수의 저자들이 토마스 아퀴나스가 평수사로서 평생을 학문에 헌신하였다는 내용을 부각시키고 있음을 볼 수 있다. 그중에서 기욤 드 토코 Guillaume de Tocco의 『토마스 아퀴나스의 생애Saint Thomas d'Aquin, sa vie』에서는 로마의 교황이 대주교직을 제안하였지만, 토마스 아퀴나스는 이를 거절하고 계속 학자로서 남아 있고자 하였다는 일화도 소개하고 있다. 우리는 여기서 무엇이 그로 하여금 그렇게 학문적인 일들에 몰두하게 하였는지, 그가 학문적인 노력들을 통해서 이루고자 하였던 사명이 무엇이었는지를 질문해 볼 수 있다. 이러한 질문에 한마디로 답한다는 것은 매우 어렵다. 왜냐하면 토마스 아퀴나스의 철학은 그 자체 '천의 얼굴을 가진 철학'으로 나타나고 있기 때문이다. 그의 사상은 어떤 사람에게는 '실재론'이나 '변증법적 종합의 정신'으로, 어떤 사람에게는 '행위의 철학'이나 '존재의 철학'으로 또 어떤 사람에게는 '지성주의'나 '사랑의 철학'으로 그리고 또 어떤 사람에게는 '신성한 지혜'나 '영성의 스승'으로 다가오기 때문이다. 하지만 그럼에도 불구하고 그가 행한 모든 작업에서 공통되게 나타나고 있는 한 가지 사실은 그는 그 어떤 것을 탐구하더라도 이성의 개념과 지성적 논의를 통해 철저하

고 엄밀하게 더 이상 논의를 진행할 수 없을 만큼 계속 추구해
나아갔다는 것이다. 그의 철학적 탐구에서 제외된 주제는 거
의 없으며, 당시 거론되던 어떠한 철학자도 그의 논의에서 배
척된 사람은 없었다. '인간의 이성은 보편적인 진리를 추구하
는 데 있어서 한계가 없다'고 그 스스로 말하고 있듯이, 그의
학문적인 탐구의 목적은 모든 것에서 오류를 제거하면서 진
리의 의미를 밝히고자 하였고, 모든 것을 이해하고자 하였고,
모든 것의 본질을 통찰하고자 하였다. 이러한 그의 학문적인
태도는 영성이란 차원에서 어떻게 이해될 수 있을까? 프랑스
의 한 토미스트인 M. D. 필립은 『진리의 증거자 토마스 아퀴
나스』에서 이를 다음과 같이 표현해 주고 있다.

　만일 우리가 신의 말씀을 우리가 알고 있는 그리고 우리가 이해
　하는 그것과 동일한 것으로 간주한다면, 우리는 신비를 포기하
　는 것이 될 것이다. 신비를 제거한다는 것은 곧 하느님의 말씀
　을 왜곡하는 것이다. 이 경우 우리는 봉사자가 되는 대신에 한
　사람의 협상가가 되고 말 것이다.*

신의 말씀은 예언자를 통해서 인간에게 전달된 것이다. 이 것이 계시종교의 핵심이라면, 계시종교가 해야 할 첫 번째 일은 전달된 말씀의 의미를 이해하는 것이다. 하지만 전달된 말씀이 신의 음성이라는 그 사실로부터 이 말씀은 '신비'이다. 아니면 최소한 '신비'를 포함하고 있는 말씀이다. 왜냐하면 전달하는 자와 전달받는 자 사이에는 무한한 거리가 있기 때문이다. 그런데 신비란 무엇인가? 프랑스의 실존주의자인 루이 라벨은 신비란 '어느 정도 분명하지만, 어느 정도 가려진 어떤 것'이라고 하였다. 즉 신의 음성이 전달하고 있는 그 진정한 의미는 결코 인간의 지성이 모두 이해할 수도 없거니와 이해한 것도 결코 인간의 언어로서 모두 표현할 수가 없는 것이다. 중세의 교부들은 이러한 사실을 너무나 잘 알고 있었기 때문에 그들은 하나같이『주석서』나,『해설집』을 저작하였다. 하지만 이러한 기존의 신학적 언어들은 '진리'가 함의하고 있는 그 풍부한 의미와 내용을 모두 밝혀주기엔 여전히 먼 언어들이었다. 그들의 언어는 그리스도교의 진리를 '고귀하고 고

* M. D. Philippe, *Saint Thomas docteur Témoin de Jésus*, Paris, Saint-Paul, 1992, p.10.

상한 저 아득한 진리'처럼 안내하며, 자연과 현실세계 안으로 '육화肉化'되기에는 역부족이었다. 바로 이러한 이유로 토마스 아퀴나스는 당시로서는 금기시하였던 아리스토텔레스의 형이상학적인 원리들을 그리스도교의 신학 한가운데로 도입하였던 것이다. 그는 이러한 시도가 매우 모험적인 것임을 예견하고 있었고, 이러한 예견은 적중하여 말년에 '근본적인 아리스토텔레스주의'라는 오명으로 단죄 받았다. 하지만 그에게 있어서 인간의 단죄란 그가 '진리'에 대해 지녔던 열정에 비하면 아무것도 아닌 것이었다. 마치 대다수의 위대한 작품들이 귀머거리가 된 이후에 작곡된 베토벤처럼 그의 주된 저작들의 절반 이상이 단죄 이후에 저작된 것이라는 사실이 이를 증명하고 있다.

우리는 여기서 성 토마스 아퀴나스라는 인물을 당시 시대의 '절박한 요청에 응답하는 신의 선물'처럼 고려할 수 있다. 그렇다면 무엇이 그 당시의 절박한 시대적 요청이었을까? 이를 이해하기 위해서는 토마스 아퀴나스가 살았던 13세기의 서구유럽의 시대적 상황에 대해서 간단하게나마 이해하지 않을 수 없다. 서구 유럽의 13세기는 '그리스도의 지성이 위기에 처했던 격동기의 시대'이면서 동시에 '기독교적인 서구 문화가 확고하게 자리를 잡게 된 황금기'라는 역설적 상황, 즉 위기와 격동기를 헤쳐 나가면서 오히려 가장 풍요로운 중세의 문화를 형성한 시기였다. 유럽의 13세기는 초기와 중기 그리고 말기 전체를 통해서 십자군 전쟁이 지속되던 시대였다. 이미 한 세기 이상 세 차례나 되풀이되었던 십자군 전쟁은 1202년에 네 번째 전쟁을 시작하게 되고, 5차 십자군 전쟁, 6차 십자군 전쟁을 거쳐 1270년에는 7차 십자군 전쟁이 시작된다. 토마스 아퀴나스는 이러한 종교전쟁이 지속하던 시기에 태어났으며 이 시기를 살았다. 이후 8차 9차의 두 차례의 전쟁이 있었지만 결국 이 전쟁은 이슬람권의 승리로 끝이 나고 이후 교회 권위의 실추와 세속화가 가속화되었다. 그뿐만 아니라 당시는 몽고 민족의 영토 확대에 밀려, 터키를 비롯한 동구 민족들의 유럽 사회로의 진출이 있었다. 소위 '야만인의 침입'이라 불리는 이 동구 민족들의 유입은 서구유럽을 문화적으로 위협하였다. 거기에다 '유럽의 곳곳에 설립된 대학scola들'의 인문학부에서는 금서였던 아리스토텔레스의 저서들을 공공연히 연구하였고, 점차적으로 '필수과목'으로 지정하기도 하였다. 이는 전통적인 교회의 입장에서는 정치적인 추락에 이어서 사상과 신념의 추락을 의미하는 것이기도 하였다. '대학'의 영향으로 성숙하게 된 유럽의 지성인들 사이에는 새로운 진보적인 사유에 목말라 하는 기류가 형성되었고, 일반 신도들은 더 이상 교회 제도의 권위에 의존하지 않았다. 가톨릭교회로서는 더 이상 교회의 지상권을 유지할 수 없었고, '교회의 지침'이나 '금지령' 등은 더 이상 신자들의 행동에 실질적인 영향력을 발휘할 수도 없었다. 정치·문화적으로 그리고 이념적으로 위기상황을 맞이한 유럽의 그리스도교 사회는 이러한 시대의 흐름에 응답할 수 있는 '새로운 가치관과 비전'을 제시하지 않으면 안 되었다. 바로 이러한 절박한 시대의 요청에 응답하고자 한 두 인물이 있었는데, 프란체스코 성인과 도미니크 성인이었다. 이들은 각각 '프란체스코 수도회'와 '도미니크 수도회'를 창설한 장본인들인데, 이들 수도원들은 복음적 청빈과 겸손 그리고 사랑으로 무장한 '탁발 수도회'였다. 이 두 수도원들은 향후 나머지 절반의 중세기에 정신적, 문화적 지주가 된다. 그리고 위기에 처한 서구 그리스도교회에 정신적으로, 사상적으로 새로운 빛을 가져다준 도미니크회의 위대한 수도자가 있었는데, 그가 바로 토마스 아퀴나스였다.

　여기서 우리는 무엇이 토마스 아퀴나스가 가져다 준 빛이었는지를 질문해 볼 수 있다. 그것은 새로운 세계관과 새로운 영성적인 분위기를 창조하는 것이었다. 이 새로운 세계관과 새로운 영성적인 분위기란 바로 진리의 재육화再肉化였고, 베일에 싸인 신비를 밝히는 일이었으며, 새롭게 다가오는 시대의 징표들을 복음적 사랑으로 포용하는 일이었다. 그리스도의 탄생 이후 거의 천년 동안 중세기는 여전히 플라톤 전통에 입각하여 아득한 저편 세계와 심오한 영혼의 내면적인 삶을 강조해 왔다. 이러한 교부철학의 정신은 지성적으로 성숙된 유럽의 지성인들에게 더 이상 공감을 줄 수 없는 것이었고, 새로운 과학적인 발견들과 밀려오는 다양한 새로운 문화들과도 공감을 이룰 수 없는 것이었다. 중세기의 전반을 문학적으로 과장하여 표현하자면 '하늘 높이 떠 있는 진리'였고, '깊숙한 베일 속에 가려진 영성'이었다. 토마스 아퀴나스의 사명은 이러한 떠 있는 진리, 깊이 숨겨진 영성을 현실세계 안으로, 일상 안으로 가져오는 것이었다. 즉 아득하고 고상하여 감히 접근할 수 없었던 그 진리, 그 영성을 삶의 한가운데로, 도시

의 한가운데로 가져와 정상적인 지성을 가진 사람이면 누구
나 다가갈 수 있는 그러한 보편적인 진리로 '재창조'하는 일이
었다. 이를 위해서 그는 당시까지만 해도 '금기시되었던' 아리
스토텔레스의 형이상학적 원리들을 그리스도교 신학의 한 중
심으로 가져왔으며, 그의 세미나에는 신앙인과 비신앙인, 학
생들과 일반인 그리고 성직자와 수도자가 함께 참여하여 토
론의 장을 이루었다. 그는 다만 아리스토텔레스를 소개하거
나 그의 원리들의 일부를 사용한 것이 아니라, 기존의 모든 크
리스천의 사유들을 재형성할 보편적인 원리로서 도입하였다.
그는 모든 주 저작들에서 '아리스토텔레스'의 원리들을 도입
하면서 유독 아리스토텔레스를 칭할 때에만 '철학자'라는 일
반명사를 사용하여 최고의 찬사를 보여주었다. 이렇게 해서
그의 기념비적인 작품인『신학대전』이 탄생하였다. 기욤 드
토코는 토마스 아퀴나스의 이『신학대전』에 대해 다음과 같이
찬사를 보내고 있다.

성 토마스의 업적은『신학대전』안에서 마치 그의 최후의 종합
처럼 나타난다. … 신학대전은 우리에게 놀랍게 질서 지워진 하

나의 전체적인 조직처럼 나타난다. 이는 각 부분이 전체와 완벽하게 조화된 하나의 지혜의 작품이다. 지혜의 고유성은 질서 지우는 것이다. 이는 곧 철학에 의해 토마스 형제를 다시 이해하게 하는 것이다. 대전La Somme은 기념비적인 위대한 작품이다. 그의 조화에 의해 아름다우며, 신성한 신비들에 대한 빛들의 강도에 의해 깊고 풍부한 것이다. _『토마스 아퀴나스의 생애』 중에서

그는 약 2천 년 동안 '관념론'과 '실재론'으로 대립하여 평행을 달리고 있는 서구의 큰 두 사상을 종합하면서, 하늘과 땅을 이어준 역사적인 과업을 수행하였고 이를 위해서 그의 모든 시간과 에너지와 지성을 헌신하였다. 그가 사랑의 봉사자라고 할 수 있는 이유는 바로 여기에 있다. 그는 비록 가난한 이를 위해서 기부를 하거나, 병자를 치유하거나, 정의를 위해 시위를 한 적도 없었지만, 평생을 평수사라는 낮은 자리에서 부도, 명예도, 권력도 마다한 채 오직 자신의 과업으로 주어진 '새로운 세계관의 재창조'를 위해서 모든 시간과 정열을 마지막까지 불태웠다. 그는 참으로 역동적인 인간이었다. 프랑스의 도미니크회 사제인 '마리 도미니크 필립M.D. Philippe'은 토마

스 아퀴나스의 이러한 역동성을 '젊음'의 특성이라고 밀터며, 성 요한의 영성에 비유하고 있다.

성 요한의 세 번째 특성은 성 토마스에게 있어서는 젊음이다. … 싫증나게 되지 않는다는 것은 마음의 젊음이요, 경탄할 수 있는 능력이다. … 젊음은 언제나 진보하는 이들의 특징이며, 발전하기를 멈추지 않는 이의 특징인 것이다. 그는 멈추지 않았다. _『진리의 증거자 토마스 아퀴나스』중에서

27세 때에 시작한 그의 저술 작업은 49세 때 임종할 때까지 멈춤 없이 지속되었고, 22년 동안 세계 역사상 가장 방대한 저술을 하였다. 그의 『신학대전』은 그 자체만도 분량 면에서 아리스토텔레스의 전 저작을 합한 것의 두 배나 된다. 만년에 그는 모차르트와 같이 떠오르는 영감들을 감당할 수가 없어, 자신만이 알 수 있는 무슨 '암호' 같은 약자들을 고안하여 글을 써 내려갔다. 그의 『진리론』이 학생들의 강의노트를 모아서 출간된 것은 아무도 토마스 아퀴나스의 강의록을 해독하지 못했기 때문이라고 전기 작가들은 전해주고 있다. 그렇게

그는 임종직전까지 자신이 본 것, 자신이 통찰한 진리들을 후
세에 전달하고자 했으며 자신의 모든 삶을 남김없이 헌신하
였다.

'단죄'사건 이후 도미니크회의 그의 형제들이 억울함을 교
황에게 알리고 중재를 청하고자 하였을 때도, 이를 말린 것은
토마스 자신이었다. 그의 죽음은 참으로 고독하고 가난한 죽
음이었다. 그가 죽음을 맞이할 때 그는 '이교도의 사상'이란
오명을 안고 있었으며, 도미니크회의 형제들은 그의 곁에 있
지 않았다. 왜 그는 인간적인 불행, 그 고독함을 스스로 껴안
았던 것일까? 오직 사랑하는 자만이 불행과 고통을 스스로 껴
안을 수 있다. 그는 진리를 사랑하였고, 교회를 사랑하였고,
수도회의 형제들을 사랑하였다. 그리고 무엇보다 여전히 어
둠 속에 헤매는 사람들을, 자신이 알지 못하는 모든 사람을 사
랑하였다. 그는 그 누구도 그의 사랑에서 배제하지 않았다.
이것이 다가 아니다. 그의 사랑은 다만 사람들에게만 향하지
않았다. 그는 작은 돌멩이 하나, 이름 모를 꽃 한 송이에도 큰
사랑의 시선을 보냈다. 왜냐하면 그는 그 돌멩이 하나, 꽃 한
송이도 신의 큰 사랑으로 보살핌을 받고 있다고 통찰했기 때

문이다. 우리 시대의 존경받았던 법정 스님은 "기장 위대한 종교는 친절입니다"라고 말한 적이 있다. 아마도 이러한 단순한 고백에 큰 의미를 더해주고 있는 사람 중의 한 사람이 토마스 아퀴나스일 것이다. 그는 오해와 몰이해 속에서도 다만 묵묵히 신이 주신 그 사명을 완수하고자 하는 한 가지 일념뿐이었다. 그는 자신이 하는 일들이 신의 사명이라면 그것은 곧 인류를 사랑하는 것이라고 확신하였다. 헝가리의 미학자 '루카치'는 '모든 위대한 작품'에 공통되는 것은 곧 보편적인 '인류애'라고 하였다. 그의 전 생애는 바로 이러한 인간에 대한 사랑으로 봉헌된 삶이었고, 이것이 곧 신을 사랑하는 그만의 방법이었다. 토마스 아퀴나스는 죽음 이후에도 두 차례나 더 단죄를 받았다. 하지만 '나무는 그 열매를 보고 알 수 있다'는 고금의 진리가 빛을 발하였다. 사후 50년이라는 짧은 기간에 그는 '성인'의 반열에 오르게 된 것이다. 시성諡聖 조사에서 '그의 생애에 이렇다 할 기적이 없다'는 보고를 하자, 교황 요한 22세는 "그의 생애와 그의 업적 그 자체가 기적인데, 무슨 다른 기적이 필요하겠는가?"라고 되물었다고 한다. 그렇다! '물이 술로 바뀌고 장님이 눈을 뜨는 것'만이 기적인 것은 아니다. 아무도 흉내 낼 수 없는 그만의 삶, 세계와 인간에 대한 사랑으로 평생을 헌신한 그의 삶 그 자체가 곧 신의 섭리가 이루어낸 기적이다. 프랑스의 위대한 화가 '반 고흐'는 동생 테오에게 보낸 편지에서 "위대한 예술가들, 대가大家들이 결코 포기할 수 없었던 그것, 모든 희생을 감수하고 행했던 바로 그것을 통해서 신神이 인간에게 말씀하시고 계신다"라고 고백한 적이 있다. 토마스 아퀴나스의 생애가 곧 그러한 삶이었다. 그는 참으로 사랑의 봉사자요, 신의 섭리의 손길에 휘어잡힌 진리의 예술가였다.

5
사랑의 특성으로서의 내면성

영성의 두 번째 특성은 '내면성'이었다. 그렇다면 토마스 아퀴나스에게 있어서 이 '내면성'은 구체적으로 무엇이며, 어떻게 나타나고 있을까? 이를 알기 위해서는 토마스 아퀴나스가 말하고 있는 '정관적인 삶(명상적인 삶, contemplativa vita)'에 대해서 이해하는 것이 필요하다. 우선 그는 '정관적 삶'의 목적은 신리(창조되지 않은 진리, veritatis icreatea)에 대한 관조이며, 활동적인 삶의 목적은 이웃에 대한 봉사에 있다고 진술하고 있는데(『진리론』, 스승에 관하여De Masistro, 4장), 이는 영성가로서의 역할과 봉사자로서의 역할을 분명히 해주고 있는 대목이다. 그런데 그는 전자는 후자의 원인이 된다고 진술하고 있다.

> 우리는 활동적 삶activa vita이 정관적인 삶(명상적인 삶, contemplativa vita)으로부터 나타난다는 것을 이해해야 한다. … 활동적인 삶이 정관적인 삶을 뒤따른다는 것은 필연적인 것이다. _『진리론』, 스승에 관하여De Masistro, 4장

활동과 관상觀想은 사실상 서로 분리될 수 없는 동전의 양면과 같다. 가령 사랑의 행위가 참된 것이기 위해서는 그 행위가 그의 내적인 사랑에 기인된 것이어야 하며, 그리고 그의 내적인 사랑이 진정한 사랑이 되기 위해서는 어떤 식으로든지 '외적으로 표현'되어야 한다. 행위 없는 사랑도, 사랑 없는 행위도, 그 어느 것도 진정한 사랑은 아니다. 이처럼 토마스 아

퀴나스에게 있어서 그의 놀라운 학문적 활동들은 사실 그의 정관적인 삶의 결실이었음을 말해주고 있다. 프랑스의 도미니크회 사제인 '토렐J. P. Torell'은 "무엇보다 먼저, 성 토마스의 신학은 믿음과 희망과 사랑의 덕들이 충만한 수덕적修德的 삶의 한 표현이었다(『영성의 스승 성 토마스 아퀴나스』, 서문)"라고 말하고 있는데, 이는 그의 놀라운 학문적 업적들이 가능했던 이유가 그의 내적인 삶, 즉 정관적인 삶 때문이었음을 말해주고 있다. 다시 말해서 그가 위대한 학자일 수 있었던 것은 그가 진정한 수도자였기 때문이었다. 그에게 있어서 도道를 닦는 수도자의 명상적인 삶은 학자적인 삶에 대해 우선적인 것이었다.

토마스는 지성에 대해 말하면서 '지성은 내면을 읽는 것intus legere'이라고 말하고 있는데, 이는 매우 흥미로운 관점이며 토마스 자신의 지성적 활동의 특징을 잘 말해주고 있다. 감각인식은 외적인 것, 즉 외모에 초점을 두고 있지만, 외적인 것에 멈추지 않고 더 나아갈 때, 즉 내면적인 것으로 나아갈 때 우리는 '지성적'이라고 한다. 지성적인 것은 이성적인 것과 다르다. 인간은 사유하는 존재라는 그 사실로부터 모두 지성적이다. 프랑스의 종교철학자 '앙리 뒤메리'는 "아무리 미천한 자일지라도, 사유하는 자는 누구나 자기 세계를 소유할 수 있나"고 말하고 있는데, 이 자기 세계란 '자기 내면의 세계'이다. 즉 토마스 아퀴나스의 지성적 탁월성은 곧 그의 내면적 삶의 깊이와 탁월성을 반영해 주고 있다. 따라서 토마스 아퀴나스의 영성적인 면모, 즉 내면적인 삶과 관상적인 삶은 바로 그의 놀라운 지성적 탁월성 그 자체를 통해서 드러나고 있다. '마리 도미니크 필립'은 이러한 토마스의 지성적이고 내면적인 특성을 성 요한의 영성에 비유하여 '통찰력'과 '순수성'이라고 요약하고 있다.

성 요한의 제일 첫 번째 특성은 이성의 통찰력이다. 그리고 이는 성 토마스의 성성聖性 안에서 역시 첫 번째 특성인 것이다. … 마음이 순수한 자들의 지복이 있을 때만 성인이 될 수 있다. … 우리는 마음의 순수성(순수한 마음의 지복) 없이는 지성적으로 통찰력 있게 될 수는 없는 것이다. 이것이 성 요한에게서 발견할 수 있는 성 토마스의 두 번째 특성이다. _『진리의 증거자 토마스 아퀴나스』 중에서 사실상 지성적인 것과 내면적인 것은 사랑의 한 특성이다. 사랑의 특성에는 여러 가지가 있을 수 있지만 무엇보다 먼저 진정한 사랑이란 어떤 '내면적인 사건'을 의미한다. 사람들은 자기를 사랑하는 사람에게만 자신의 가장 내밀한 비밀을 드러내 보일 수 있으며, 한 사람을 가장 깊이 이해하는 자는 바로 그를 사랑하는 사람이다. 진정한 모성애는 결코 자식의 외면에 머물지 않는다. 어머니의 사랑은 자식의 사회적 성공이나 육체적 건강보다는 그의 내면 깊숙한 평화와 행복에 관심을 두고 있다. 그런 의미에서 사물의 가장 깊은 본질을 이해하는 것은 사랑을 통해서이며, 진정으로 사랑하는 자는 사랑하는 대상의 본질을 통찰한다는 의미에서 곧 지성적이다. 진정 사랑하는 자는 자신의 외적인 행위가 항상 그 자신의 가장 깊은 내면적인 행위와 동일하다는 의미에서 '순수한 것'이다. 마찬가지로 사랑하는 자는 항상 사랑하는 대상으로부터 더 많은 가치와 더 많은 것을 발견하고 새롭게 이해하게 된다. 즉 참으로 사랑하는 자의 마음은 결코 늙지 않는 법이다. 이러한 관점에서 우리는 토마스 아퀴나스의 영성의 가장 깊은 특성은 복음적 사랑에 충실한 성인聖人의 영성으로 이해할 수 있다.

토마스 아퀴나스는 "종교적(수도적) 삶의 궁극적 목적은 사랑 caritas을 완성하는 것—*Ipsa perfectio caritatis est finis status religionis*(『신학대전』, II-II, 문186, 2장)"이라고 말하고 있다. 따라서 그것이 활동이든 관상이든 모든 구체적인 수도생활의 형식은 사랑을 완성하는 한 방법론적인 것이라 할 수 있다. 토마스 아퀴나스에게 있어서 크리스천 영성의 가장 공통되는 지반은 결국 '사랑을 완성해 가는 것'이며, 이는 보다 내적인 인간이 되고, 보다 깊어지고, 보다 지성적으로 되는 것이다. 신학자로서의 사명과 성인 혹은 영성가로서의 사명은 동일하지 않다. 신학자는 그의 지성을 전적으로 그리고 순수하게 신의 영광을 위해서 헌신하는 자이며, 영성가란 자신의 삶을 신성한 신의 현존과의 일치를 위해 투신하는 사람이다. 토마스 아퀴나스도 이를 잘 알고 있었다. 그는 '신의 현존顯存'과 같은 '신성한 실재'가 문제가 될 때 결코 지성이 인식하는 '실재'로서 '실재 그 자체'를 대신할 수 없음을 여러 곳에서 주장하고 있다. 우리는 이러한 태도를 학자로서의 겸손함이라고 할 수 있을 것이다. 하지만 토마스 아퀴나스는 진정한 학자라면 최소한

의 영성적인 것을 가지이며, 진정한 영성가靈性家는 어느 정도
학자가 된다고 말할 것이다.

6
초월적 지평과 실재론적 영성

　앞서 우리는 '영성'이란 '초월적 신비un au-delàmystique'에 대한
체험으로 이해한 바 있다. 따라서 만일 토마스 아퀴나스의 영
성을 말하고자 한다면 토미즘에 있어서 '초월적 신비'에 대한
체험이 어떻게 이루어지고 있는가를 질문하지 않을 수 없다.
나아가 이러한 '초월적인 신비'가 어떤 삶의 형식으로 나타나
고 있는지 질문해 보아야 한다. 이를 이해하기 위해서 먼저
만년에 토마스 아퀴나스가 체험한 한 일화를 소개하는 것이
도움이 될 것이다. 이 잘 알려진 체험은 일종의 '엑스타즈(법열,
extase)'로서의 종교적 체험이다. 기욤 드 토코는 이를 다음과
같이 표현하고 있다.

그가 연구하고 쓴 것들을 무시하면서 어떤 것들의 뒤내킴과 놀라움을 볼 기회가 그에게 주어졌다. 특히 그의 만년에 ─사람들은 이를 분명히 알 수 있는데─ 그는 그에게 주어진 계시의 막대함 앞에서 망연자실하면서 쓰는 것을 중단하였다. _『토마스 아퀴나스의 생애』 중에서

우리는 토마스 아퀴나스가 보았던 것이 구체적으로 무엇인지 알 수는 없다. 그가 자신이 본 것에 대한 내용을 남기지 않았기 때문이기도 하거니와 그것은 본질적으로 모든 '글쓰기'가 무용할 만큼 '초월적인 혹은 신성한 실재'였기 때문이다. 우리는 이를 영성의 가장 일반적인 언어를 통해 '신적 현존의 체험'이라고 할 수 있을 것이다. 그런데 이러한 토마스 아퀴나스의 종교적 체험에 대해 '토렐'은 다음과 같이 해명하고 있다.

그의 말년에 성 토마스는 결정적인 실재들의 알곡을 위해서 언어들의 지푸라기들을 포기할 것이라고 스스로 이를 증언하고 있다. 이러한 보기는 그의 신학이 경건함을 지니기 위해서 다른

것들을 보충할 필요가 없다는 것을 우리에게 증거해주고 있다. 이를 위해서는 이 신학들의 요청을 최후까지 이행하는 것으로 충분한 것이다. _『영성의 스승 성 토마스 아퀴나스』 중에서

'자신이 본 것에 비하면 자신이 쓴 모든 것은 지푸라기들에 지나지 않았다'는 이 일화는 널리 알려진 일화이다. 그리고 사람들은 이 일화를 '학문에 대한 관상(정관)의 우위'를 설명하면서 종종 인용하곤 한다. 하지만 위의 토렐의 해석은 이러한 일반적인 관점과는 다른 관점의 해석이다. 그것은 '더 이상 쓸 필요를 느끼지 못했다'는 이 사실에 대한 긍정적인 해석이다. 이 진술에는 두 가지 상반된 의미가 함축되어 있다. 우선 체험된 신의 현존에 대해서 인간의 언어로 표현한다는 것은 사실상 불가능한 것이다. 아무리 잘 기술하여도 여전히 인간의 언어로서 신성한 실재를 기술한다는 것은 항상 불충분할 수밖에 없다. 그렇지 않다면 이 신성한 실재는 더 이상 '신비'가 아닐 것이다. 즉 이러한 진술은 인간의 모든 지성적 능력을 초월하는 '신성한 실재의 초월성'을 증언하고 있다. 다른 한편 이러한 토마스의 고백에는 자신이 평생 동안 헌신하여

온 학문적 성과들의 특성이 잘 드러나 있다. 그의 학문적 지향은 항상 절대적인 것을 겨냥하였다. 지성이 표현할 수 있는 최상의 것으로 표현하고자 하였기에, 자신이 체험한 '신적 현존'을 표현하기 위해 더 이상 첨가할 것이 없음을 말해주는 것이다. 즉 더욱더 자세하게 쓴다는 것은 무의미하며, 이제는 자신이 쓴 것을 실천(실행)하는 것만이 남았다는 것을 의미하고 있다. 이 후자가 토렐이 토마스 아퀴나스의 고백을 통해서 이해하고자 하는 긍정적인 점이다.

그런데 토마스 아퀴나스가 체험한 만년의 '엑스타즈'는 사실상 토마스적인 초월의 체험은 아닌 것 같다. 이러한 체험이 영성의 한 핵심이 되는 영성가들로는 '환시가'로 불리는 '빙겐의 힐데가르트'나 『영혼의 성』의 저자인 '아빌라의 데레사' 같은 신비가들이 있었다. '아빌라의 데레사 성녀'의 영성을 한마디로 요약하자면 영혼이 하느님을 만나기 위해서 눈에 보이는 감각적인 세계를 떠나 하느님의 현존이 거주하는 영혼의 가장 깊은 곳으로 나아가는 것이며, 여기서 하느님과 영혼이 일대일로 마주하며 일치하는 것이다(『영혼의 성』, 1장). 이러한 영성의 기원은 '참된 세계인 이데아의 세계'와 이러한 '참된 세계의 그림자에 불과한 현세의 세계'라는 플라톤의 이원론적인 세계관 그리고 인간의 영혼이란 원래 '신적인 것[→ 觔]'에 속해 있었으나 육체적인 세계에 추락하였고, 다시 신적인 것[→ 觔]으로 되돌아가야 한다는 플로티노스의 세계관(『에네아데스』, 1장)에 있다. 만일 우리가 이러한 세계관을 지닌 영성들에 굳이 특성을 부여하자면 '관념론적 특성'이라고 할 수 있을 것이다. 그러나 토마스 아퀴나스 철학의 특징은 '실재론'이다. 그렇다면 영성에 있어서 토마스 아퀴나스의 실재론적 특성은 어떻게 나타나고 있을까?

우선 우리가 가장 먼저 주목할 것은 신적 현존에 대한 토마스 아퀴나스의 사유이다. 플로티노스나 아빌라의 테레사와는 달리 토마스 아퀴나스에게 있어서 신적 현존이 나타나는 곳은 무엇보다 먼저 '존재자가 존재하는 모든 곳'에서이다.

신은 그의 본성의 탁월함을 통해서 모든 사물 위에 존재한다. 하지만 신은 모든 것에 있어서 마치 그들의 존재의 창조적인 근원처럼 모든 것에 존재한다. … 바로 이 때문에 신은 제 사물들 안에 마치 그 사물들의 내용처럼 존재하고 있다. _『신학대전』,

신이 모든 것의 창조적인 근원처럼 존재한다는 것은, 모든 존재하는 것은 존재를 계속하기 위해서 신적 존재로부터 끊임없이 존재esse를 분유받아야 한다는 관점이다. 이는 토마스 아퀴나스의 독특한 분유론分有論, participatio이다. 그런데 토마스의 신적 현존에 대한 통찰은 단지 '존재의 근원'에서만 멈추지 않는다. 그는 "사실상 모든 본성(자연) 안에서 작용하는 것은 신이다(『신학대전』, I-2, 문55)"라고 말하고 있는데, 이는 또한 토마스 특유의 유비론類比論, analogia이다. 계절의 변화는 자연법칙에 의한 것이지만, 이러한 법칙의 근원이 그리고 지속적으로 존재하게 하는 존재가 신이기에 유비적으로 말해서 계절의 변화를 야기하는 자는 신인 것이다. 이러한 그의 통찰은 그로 하여금 다음과 같이 진술하게 하였다.

신은 단지 하늘과 땅, 그리고 천사와 인간만을 보살피는 것이 아니다. 가장 작은 것들 ―가장 자잘한 벌레들, 새들의 깃털, 들판의 아주 소박한 꽃들, 나뭇잎들― 의 가장 내밀한 구조들도

보살핀다. 신은 이들 부분들의 조화와 일치를 보증한다. _『신학대전』, I, 문103

토마스 아퀴나스의 이러한 진술들은 결코 시적인 표현이 아니다. 이는 토마스 아퀴나스라는 인물이 평생을 살아오면서 스스로 체험하고 깊이 명상한 결과이며, 그러기에 최소한 그에게는 실재였다. 우리는 이를 증언해 주는 도미니크 필립의 진술을 발견할 수 있다.

당시의 분위기 안에서 사람들은 육체적인 것들에 대해 소홀히 하는 경향이 있었던 반면, 토마스에게 있어서는 돌연히 이 감각적인 것들이 천상적인 것들을 향해 솟아올랐던 것이다. 이는 마치 그가 육체가 발견되는 곳에 있었던 것이 아니라, 그의 영혼이 거주하기를 원했던 곳에 있었던 것처럼 보였던 것이다. _『진리의 증거자 토마스 아퀴나스』, 1장

왜 토마스에게 있어서는 감각적인 것들이 천상적인 것들을 향해 솟아오른 것일까? 그리고 그가 그의 영혼이 거주하기를

원하는 곳에 있었던 것처럼 보인다는 것은 무엇을 의미하는 것일까? 아마도 이에 답한다는 것은 토마스 아퀴나스 영성의 핵심을 말해주는 것이 될 것이다. 그의 영혼이 거주하기를 원했던 곳은 '천국'이겠지만, 토마스가 거주한 곳은 분명 천국은 아니다. 그런데 왜 토마스는 '천국에 존재하는 것처럼' 보였던 것일까? 우리는 그가 '천상적인 것과 유사한 곳'에 있었다고 말할 수 있을까? 현실적인 공간적 장소가 아닌 '천상적인 것과 유사한 장소'란 무엇을 말하는 것인가? 이는 '초월적인 장소' 혹은 '형이상학적인 공간'이라고 말할 수 있을까? 아마도 철학적으로 해명하자면 그의 실존이 변모되어 전혀 다른 내적 분위기, 전혀 다른 감성적 그리고 지적 환경 속에 존재하였다고 할 수 있다. 육체는 다른 모든 사람과 동일한 장소에 있었지만 그의 영혼은 '한층 들어올려진 지평'에 즉 '초월적 지평'에서 존재하고 있었던 것이다.

토마스가 아직 어린 나이에 몬테카시노의 수도원에서 수학하고 있을 때, 이미 '살아 있는 성인 프란체스코'라는 소문이 몬테카시노에까지 전해왔다고 한다. 꽃과 나무들에서 신의 현존을 발견하고 달과 별들에서 형제애를 느꼈던 프란체스코 성인의 삶이 어린 토마스 아퀴나스에게 무엇을 말해주었던 것일까? 토마스 아퀴나스는 참으로 열린 실존의 소유자였다. 그는 그의 저작들 여러 곳에서 초월적인 세계와 이 지상의 세계가 교감하고 있다는 것을 주장하였다. '하나의 보다 하위적인 존재는 그의 최상위 부분을 통해서 자신보다 더 큰 세계와 접촉하고 있다'고 진술하는가 하면, '인간은 자신의 영혼의 첨단을 통해서 천사들과의 교감을 가질 수 있다'고 진술하기도 하고, 또한 '인간의 지성은 비록 불완전하기는 하지만 신성한 지성(신의 지성)에 참여할 수 있다'고 진술하고 있다. 다만 세계를 하나로 바라본 것이 아니라, 세계와 초월적인 세계까지를 하나로 본 이러한 토마스 아퀴나스의 사유는 참으로 놀랍다. 그러기에 그의 시선이 닿는 모든 곳에서 신의 현존을 발견하였다. 그리하여 그는 다음과 같은 의미심장한 말을 하였다.

피조물들의 완전함(완성)에서 무언가를 제거한다는 것은, 신성한 완전함에서 무언가를 제거하는 것이다. _『대이교도대전』, III, 69장위의 진술에는 성 프란체스코 못지않게 자연과 세계를 사랑한 토마스 아퀴나스의 애정이 강하게 드러나 있다. 있는 그대로의 자연, 부족함이 없는 어린아이, 마냥 만족해 하는 강아지 한 마리, 너무나 자유롭게 하늘을 나는 새들, 자연이 우리에게 제공해 주는 것 중에 부족한 것은 아무것도 없다. 사과 한 개, 물고기 한 마리, 국화꽃 한 송이, 아침마다 떠오르는 태양, 우리가 살고 있는 이 지구, 그것이 무엇이든 자연적으로 존재하는 것에는 부족함이 없다. 소극적인 의미에서 모두 완전한 것이다. 자연스럽다는 것은 말 그대로 어색함이나 부족함이 없다는 것이다. 자연 속에는 자연스럽지 않은 것이 없다. 이 자연 그대로의 모든 것이 더 이상 더할 것도 뺄 것도 없이, 있는 그대로 그렇게 아름답고, 사랑스럽고, 소중한 것이다. 이는 곧 신의 선물이며, 이러한 자연 상태, 완전함을 보증하는 것이 곧 자연 속에 내재하는 신의 현존이다. 그의 신적 현존에 대한 통찰은 신적 현존과 지상의 존재들 사이의 어떤 내밀한 관계성을 증거하면서 초월적인 세계와 현실의 세계 혹은 저편의 세계와 이 현세의 세계 사이의 어떤 '지속성'을 증언해 주고 있다. '명상瞑想'이란 것이 이러한 것이 아닐까? 감각과 이성이 경험한 것을 이해하고, 그 이해 속에 남아 있는 것이 아니라, 그것을 넘어 저편까지 나아가는 것! 현실을 넘어 저편으로 나아가는 것이 아니라, 현실을 가능하게 하는 그것, 그것이 있음으로 모든 것이 가능한 그 무한한 현존을 현실 속에서 직시하는 것이 곧 '명상'이란 것이 아닐까?

경험을 넘어 저편에 도달하려면 경험한 것을 '묵상黙想'하여야 한다. 묵상이란 어떤 것을 깊이 그리고 오랫동안 사유하고 음미하는 것을 말한다. 이러한 '묵상의 시간'은 곧 '침묵의 시간'이기도 하며, 영적인 휴식이며 그러기에 신성한 휴식이다. 바로 이러한 휴식의 시간이 곧 '명상'이란 것이 아닐까? 그리고 이러한 '신성한 휴식'의 시간이 왜 필요한지를 아는 자만이 비로소 자연과 세계 그리고 인간 속에서 신의 사랑과 현존을 발견할 수가 있지 않을까? 만일 우리가 토마스 아퀴나스가 그러했던 것처럼 이러한 '영적인 휴식'의 시간이 왜 필요한지를 안다면, 그리고 이러한 명상의 시간을 가지고자 한다면, 우리는 우리 자신과 세계를 보다 잘 알게 될 것이며, 우리가 행복하게 살기 위해서 그토록 많은 '일들'과 그토록 많은 '경제적인 풍요'가 필요치 않다는 것을 알게 될 것이다.

실존주의자 루이 라벨은 "외부인이 금지된 관상수도원의 경내境內라는 곳은 영적인 휴식의 장소를 상징하는 '상징적인 장소'이다"라고 말한 적이 있다. 그리고 신학자인 오메라T. E. O'Mera는 "은총 또는 계시와 인간의 모든 접촉은, 상징으로 이루어지지 않는다면, 아무것도 아니다"라고 하였다. '상징'이란 인간의 마음속에 무엇인가 존재하도록 하는 어떤 것이다. 만질 수 없고 볼 수 없는 것이지만 우리의 마음속에 무언가 존재하게 하는 것이 곧 상징이다. 이러한 존재는 '이해된 존재'이며, '명상된 존재'이다. 우리는 이를 정신적인 실재 혹은 영적인 실재라고 할 수 있을 것이다. 사람들이 성인聖人의 곁에 머물고자 소원하는 이유가 있다면 그것은 성인들의 '정신적인 실재'가 실제로 우리에게 어떤 '실존적인 사건'을 야기해 주기 때문이다. 그래서 영성은 강의나 강론을 통해서 전달될 수 있는 어떤 것이 아니라, 영성가의 정신적인 실재, 실존적인 분위기를 통해 전염되는 어떤 것이라 할 수 있다. 이러한 '영성가'의 '내적인 효력'은 실로 놀랍다. 근대철학자인 버클리는 "그의 마음속의 존재가 진짜 그이다"라고 말하였다. 진정한 성인들의 존재는 그들의 외모나 그들의 행위 혹은 그들의 업적에 있는 것이 아니다. 그것은 보이지 않고 만질 수도 없는 영적인 것이다. 그러기에 진정한 그들의 존재는 시공을 초월하여 존재하는 것이다. 토마스 아퀴나스가 '자신이 본 것에 비하면 자신의 저작들이 마치 지푸라기처럼 보인다'고 하였을 때, 이 진술은 바로 이를 말해주고 있는 것이 아닐까? 어떤 의미에서 모든 성인, 모든 철학자의 진정한 존재인, 언어로 표현할 수 없고 감각으로 상상할 수 없는 그의 정신, 그의 영혼은 시공을 초월하는 그의 저작들을 통해 그의 전기를 통해 항상 우리와 함께하는 것이라 말할 수 없을까? 옛 성인들은 천국에서 우리와 함께하고 있다고 신학자들은 말하고 있다. 비록 우리가 볼 수 없고 들을 수 없고 느낄 수 없지만, 그들은 저편 세계에서 우리의 고통을 위해, 비극적인 삶을 위해, 구원을 위해 끊임없이 기도하고 있다고 한다. 하지만 성 토마스에게는 다만 우리를 위해 기도하는 것이 전부가 아닐 것이다. 그는 우리에게 자신이 그러했던 것처럼 이 현세를 살고 있지만 현세를 넘어서는 삶의 지평에 거하라고 그리고 이러한 삶의 형이상학적인 지평에서 모든 것에 현존하는 신적 현존을 통찰하라고 오늘도 우리에게 말을 걸고 있을 것이다. '모든 곳에 현존하는 신의 현존을 맞이하기 위해서 존재하는 모든 것의 내밀성으로 다가가는 삶'을 요청하고 있다. 프랑스의 한 토미스트인 프랑수아 제니트F. M. Geyunt는 이러한 초월적인 지평에 거주하는 영혼들의 실존을 "절대적인 초탈이면서 동시에 절대적인 관심désinterssement absolu et engagement absolu"이라는 역설적인 말로 표현해 주고 있다. 이는 세속적인 모든 관심으로부터 절대적으로 초연하면서, 오히려 오직 신성한 사랑caritas의 감정을 통해서 절대적으로 관심을 가지는 성인의 실존이다. 신이 이 세계를 사랑하는 것처럼, 그렇게 신적인 사랑으로 세계와 인간을 사랑하는 것이 토미즘 영성의 핵심이다. 베르그송은 "만일 우리가 매 순간 사물들의 진정한 실재와 접촉할 수 있다면, 더 이상 예술은 필요 없을 것이다"라고 말하면서 그 이유를 "사물들의 진정한 실재와 접촉한다는 것은 영혼의 떨림을 지속적으로 가질 수 있기 때문"이라고 말하고 있다. 내 영혼을 떨리게 하는 어떤 것, 이를 어떻게 사랑하지 않을 수 있겠는가! 이러한 것을 가능하게 하는 것이 바로 토마스 아퀴나스가 지녔던 이 형이상학적인 지평에 거니는 초월적인 실존이 아니겠는가! 바로 이러한 지평에 살고 있는 영혼에게 있어서 어떻게 '구원의 약속'이 확신되지 않을 수 있겠는가!

성 토마스의 영성을 제대로 이해하기 위해서는 그가 세계와 인간을 바라본 것처럼, 그렇게 바라보아야 한다. 다시 말해서 그가 거닐었던 그 형이상학적인 지평, 그가 소유한 그 초월적인 실존이 어떠한 것이었는지를 묻지 않을 수 없으며, 이를 통해 우리 스스로가 이러한 실존적인 분위기를 획득하지 않을 수 없다. 그런 이후에라야 '신적 사랑caritas이 모든 덕들의 뿌리이다'거나 '믿음과 희망이 사랑caritas을 통해서 형성된다'거나 혹은 '신은 은총을 통해 성인들 안에in sanctis 존재한다'거나 나아가 '모든 행위는 신에 대한 사랑을 통해서 완성된다'는 그의 말들이 그리고 특히 그가 증언하고 있는 그리스도의 신성과 인성에 관하여 그리고 구원에 관하여, 한마디로 말해 '그의 영성과 신학'을 제대로 이해할 수 있을 것이다. 그로 하여금 이 현세의 삶에 존재하면서 현세를 초월한 곳에 머물 수 있도록 하며, 자신의 내면성뿐만 아니라 모든 존재하는 것의 내면성과 소통하면서 그곳에서 신성한 신의 얼굴을 발견하도록 한 것은 그의 '초월적인 실존'이었다. 이러한 지평의 삶에서만이 인간적 삶의 모든 형태 ―우정, 학문, 예술, 정치, 종교 등― 가 신적 실존이 현존하는 장소로 그리고 신의 섭리가 이루어지는 사랑의 장으로 변모될 수가 있을 것이다.

저자 후기

　짧은 글로써 '서문'에서 마음먹었던 일들이 제대로 성취되었는지 의구심이 들고, 다시 읽어보니 부끄러움이 앞선다. 만일 이 책을 읽은 독자들이 조금이라도 토마스 아퀴나스라는 철학자를 이해할 수 있었다면 그리고 이 책을 읽으면서 조금이라도 인생을 새롭게 보기 시작하였다면, 이 책이 그나마 성공하였다는 것을 의미할 것이다. 예수회의 신학자인 제럴드 오콜린스Gerald O'Collins는 "진리란 역동적인 성장의 과정이다"라고 말한 바 있다. 인간이란 여행을 하는 존재라는 '여정의 인간Homo Viator'이 진실이라고 한다면, 우리 모두는 이 여행의 어느 중도에 있을 것이다. 오늘 내가 진실이라고 여기는 것이 내일은 진실이 아닐 수가 있을 것이며, 오늘 내가 본 진리의 모습은 미래 어느 날 다르게 보일 것이다. 만일 이 책을 읽고 있는 독자가 어느 지점에 도달하는 순간 이해하기 어렵고 소통하기 어렵다고 느낀다면 이 역시 자연스러운 감정일 것이다. 여행자는 매 순간 새롭게 나타나는 모든 것을 다 이해할 수가 없을 것이기 때문이다. 아마도 여행의 묘미는 오히려 내가 전혀 보지 못하였고, 전혀 이해하지 못한 다양한 전경, 다양한 사건과 만날 수 있다는 데 있지 않을까? 이 새로운 전경들과 새로운 사건들을 통해서 나의 정신과 마음이 성장을 하듯이 그렇게 우리는 새로운 개념들, 새로운 가치와 새로운 사상들을 마주하면서 우리의 영혼이 성장하는 것이 아닐까?

토마스 아퀴나스는 다른 모든 중세의 철학자들처럼 인생을 궁극적인 목적을 향한 여정旅程처럼 고려하였고, 내면적인 삶을 지향하였다. 그가 세계에 존재하는 모든 곳에서 통찰한 신의 현존은 인생의 궁극적인 목적인 그 신적인 현존과 다른 것이 아니다. 그러기에 그에게 있어서는 당시의 신학자들과 철학자들이 소홀히 하였던 감각적인 것과 육체적인 것 그리고 우리가 거주하는 이 현세계의 가치나 의미들이 놀라운 방식으로 빛을 발하고 있다. 우리는 이 책에서 이러한 토마스 아퀴나스 영성의 고유한 점을 '실재본적 늑성'이다고 규정하였다. 하지만 그렇다고 해서 토마스 아퀴나스가 이 지상의 삶을 너무나 소중히 하였기 때문에 인생의 궁극적인 목적, 즉 저편 세계의 목적지를 소홀히 하였다고 할 수는 없을 것이다. 오히려 토마스 아퀴나스는 항상 이 궁극적인 목적을 지향하였지만 그럼에도 여행의 목적지보다는 여행의 과정에 보다 초점을 두었다고 할 수 있다. 목적지에 무사히 도달하는 것이 모든 여행자의 목표이겠지만, 그 여행길을 어떻게 가는가 하는 과정의 문제도 매우 중요한 것이기 때문이다. 그리고 모든 여행자가 여행의 도중에 항상 목적지를 염두에 두고 있는 것은 아니기 때문이다.

우리는 토마스 아퀴나스의 사상이 현대인의 영적인 목마름에 보다 잘 응답하기 위한 하나의 빛이 될 수 있을 것이라 확신할 수 있다. 하지만 토마스 아퀴나스의 사상이 현대인을 위한 실제적인 빛이 되기 위해서는 전제되는 조건이 있다. 그것은 그의 사상이 현대인의 언어와 사유방식에 적합한 방식으로 끊임없이 재현되어야 한다는 것이다. 이는 인생의 중반에서 갑자기 '두려움과 어둠의 숲 속'에 던져져 있는 자신을 발견한 『신곡』의 '단테'처럼 삶의 한가운데서 목적지에 대한 신념과 확신을 잃은 모든 영혼에게 보다 나은 여정의 지도를 제시하기 위해서도 반드시 필요한 일이다. 이를 위해서 이 책을 읽은 독자들의 충고와 질책이 있다면 그것은 나의 작은 노력에 대한 유일한 보상이자 선물이 될 것이다.

세창사상가산책 1 │ 토마스 아퀴나스